Nadira Hefied

Plats végétariens

sucrés et salés

du
Maghreb

nouvelle édition

Éditions Josette Lyon
11 bis, rue Georges-Saché
75014 Paris

Avant-propos

La cuisine algérienne est une des moins " écrites " du monde. Transmise oralement dans les familles, elle ne vit souvent que grâce aux dépositaires des traditions, fidèlement recueillies auprès des mères et des grands-mères.

Or, il s'agit d'une cuisine riche et diverse, héritière d'un passé aux horizons multiples, qui mérite d'être conservée.

" *Le legs de nos ancêtres de Numidie, des Phéniciens, des Carthaginois, des Romains, de la civilisation musulmane, l'influence des Juifs et des Musulmans, des Arabes et des Berbères, de l'Espagne musulmane, de l'époque ottomane, la colonisation française, ont indubitablement empreint le génie de notre peuple en matière culinaire* ", dit l'auteur qui, dans le présent ouvrage, rend hommage à ces familles qui ont su, génération après génération, sauvegarder ce précieux héritage, fait de mets mijotés et raffinés.

La cuisine maghrébine, c'est la mémoire de ces femmes algériennes.

Nous remercions Nadira Hefied de nous avoir confié le soin de faire connaître et fixer ces recettes dont l'originalité est double, puisqu'elles entremêlent le passé et le présent, la tradition et la modernité.

Le passé, ce sont ces ingrédients si goûteux, ces tours de main, ces lentes cuissons durant lesquelles les aliments s'imprègnent de mille parfums délicats.

C'est cette cuisine qui prend son temps, en contrepoint et à côté des cuisines expéditives pour femmes pressées.

L'éditeur

Préface

Pour bien faire la cuisine, tenir une maison, il faut commencer tôt et toujours prêter l'oreille aux conseils de sa mère, de sa grand-mère, de sa belle-mère. Ce sont bien elles qui forgent notre prédisposition à l'accomplissement des tâches ménagères. Ce livre est un hommage à ma mère, à ma belle-mère, qui ont su sauvegarder et transmettre ce patrimoine par la tradition orale, acquis, préservé, protégé contre notre féodalisme qui perdure.

Il est un hommage particulier à ma belle-mère qui, par-delà ses quatre-vingt-sept années de labeur, trouve encore l'enthousiasme et la force de participer en grande partie à l'élaboration de cet ouvrage. Je demeure émerveillée par la précision harmonieuse avec laquelle elle découpe avec équité, dans le sens de la largeur ou de la longueur, les légumes.
Il est un défi contre moi-même, contre tout ce que j'avais toujours négligé et déconsidéré à tort et que j'ai appris à aimer grâce à la générosité et à l'imagination de mes proches.
Il est un dictionnaire de plats sans viande pour tous ceux qui, en ouvrant leur réfrigérateur, n'y trouvent que des légumes et se demandent : " Que faire sans viande ? "

Il est enfin une palette riche et diverse pour ceux dont le climat tempéré favorise la consommation fréquente de légumes et pour tous ceux qui, dans certains pays, pour des raisons éco-nomiques ou philosophiques, ne peuvent ou ne veulent pas acheter quotidiennement de la viande.
Couscous salés et sucrés, plats sucrés, soupe de levure et de blé, plats épicés et parfumés, nul ne contestera la saveur de nos mets mijotés et raffinés, indubitablement empreints des influences de l'histoire.

Cet ouvrage varié n'est cependant pas exhaustif des possibilités et du génie de notre peuple.

Nadira Hefied

Précisions sur quelques ingrédients et des mesures utilisées dans l'ouvrage

Ingrédients

Le **scolyme** est une variété de chardon dont la tige est consommable.

Les **petits plombs** sont de petites boules de pâte à base de semoule. Les plombs sont de grosseur plus importante.

Les **oignons secs** utilisés dans les recettes sont des oignons ronds de couleur violette.

Les **oignons verts** utilisés dans les recettes sont des oignons longs de couleur blanche à tige verte.

Les légumes qui nécessitent un trempage sont à l'origine des légumes secs.

La **criste-marine** est une plante à feuilles charnues appelée aussi fenouil marin.

La **menthe pouliot** est appelée aussi herbe de Saint-Laurent.

Le **gombos** est un légume à la chair veloutée. Il contient un liquide visqueux non-comestible.

Mesures

1 pilon = 20 cl
1 verre d'eau = 30 cl, sauf précision
1 bol = 200 g

1. Couscous aux petits pois, aux fèves tendres à l'huile d'olive

Grüßen bohnen

2 bols de couscous (semoule)
1 kg de petits pois à écosser
1 kg de fèves tendres
oignons verts (en compter 1 ou 2 par personne)
petit-lait ou lait caillé
huile d'olive
sel

Écosser les petits pois. Les rincer, laisser égoutter.
Rincer les fèves. Couper les extrémités et les filaments.
Couper chaque fève en 3 ou 4 quartiers selon sa longueur. Conserver la graine dans l'écorce lorsque celle-ci est tendre. Si l'écorce est dure, ne conserver que la graine ou la fève.
Rincer, saler et faire cuire à la vapeur et à couvert pendant 1 h 45.
20 mn après le début de cuisson des fèves, ajouter les petits pois, saler et laisser cuire.
Rincer le couscous dans une passoire, puis laisser les grains de couscous absorber l'eau et gonfler à l'air libre dans une terrine.
Faire cuire le couscous trois fois à la vapeur dans un couscoussier placé au-dessus d'une marmite d'eau.
Chaque cuisson dure environ 15 à 20 mn après échappement de la vapeur.
Pour s'assurer que le couscous est cuit, toucher le grain en surface dans le couscoussier pendant la cuisson. Si la surface est mouillée, retirer le couscous et verser dans une terrine.
Au moment de la première cuisson du couscous, huiler légèrement le fond du couscoussier. Verser le couscous à l'intérieur et placer le couscoussier au-dessus de la marmite d'eau et laisser cuire 15 à 50 mn après échappement de la vapeur.
Après la première cuisson, retirer le couscoussier en laissant la marmite sur le feu.
Verser le couscous dans une terrine, arroser d'eau froide salée (2 bols environ). Mélanger le grain à l'aide d'une cuillère de bois ou avec les deux mains. Laisser reposer quelques minutes afin que les grains de couscous absorbent l'eau.

7

Procéder à la deuxième cuisson du couscous :
remettre le couscous dans le couscoussier légèrement huilé et laisser cuire 15 à 20 mn après échappement de la vapeur.
Retirer ensuite le couscous, le verser dans une terrine, arroser avec 1 bol d'eau froide, mélanger et laisser le grain absorber l'eau durant quelques minutes.
Procéder à la troisième cuisson du couscous :
15 à 20 mn après échappement de la vapeur, verser le couscous dans une terrine, verser les fèves et les petits pois cuits par-dessus, arroser d'huile d'olive. Mélanger.
Servir avec les oignons verts nettoyés et du petit-lait ou du lait caillé.

Les indications préalables à la cuisson du couscous concernent le couscous roulé et séché.

2. Couscous à la menthe pouliot et aux pommes de terre

2 bols de couscous
4 pommes de terre
1 piment sec rouge
10 aulx
1 botte de menthe pouliot
4 cuillerées à soupe d'huile de table
30 g de beurre ou
2 cuillerées à soupe d'huile d'olive
1 cuillerée à café de poivre rouge
sel

Pour la cuisson du couscous, il y a lieu de se référer aux indications données dans la première recette.

Nettoyer le bouquet de menthe pouliot, ne garder que les feuilles. Les rincer abondamment et laisser égoutter.
Verser dans une marmite l'huile, ajouter le poivre, l'ail entier, le piment entier rincé et égrené, ainsi qu'une poignée de feuilles de menthe pouliot et les pommes de terre coupées en quartiers.
Ajouter 2 bols d'eau et laisser mijoter environ 20 mn.
Ajouter ensuite 1, 5 l d'eau chaude.
À ébullition, verser le reste des feuilles de menthe pouliot et laisser mijoter à feu moyen pendant 1 h.
Vérifier l'assaisonnement du bouillon. Si nécessaire, ajouter du sel et laisser mijoter encore quelques minutes.
Verser le couscous dans une terrine. Beurrer ou arroser d'huile d'olive.
Décorer avec quelques pommes de terre et quelques feuilles de menthe pouliot et arroser de bouillon.

3. Couscous aux fèves tendres, aux artichauts et à la coriandre

Ingrédients pour la sauce :
1 kg de fèves tendres
1 kg d'artichauts
1 piment sec rouge
8 aulx
1 citron
1 bouquet de coriandre
5 cuillerées à soupe d'huile d'olive
1 cuillerée à café de poivre rouge
1/2 cuillerée à café de sel

Ingrédients pour le couscous :
2 bols de couscous
30 g de beurre ou
2 cuillerées à soupe d'huile d'olive
sel

Préparation de la sauce :

Nettoyer les fèves tendres en conservant la graine dans l'écorce si celle-ci est tendre. Couper les extrémités, retirer les filaments et couper la fève en 2 ou 3 quartiers.

Laisser tremper dans de l'eau citronnée

Nettoyer les artichauts, n'en conserver que les cœurs, les tremper dans de l'eau citronnée..

Verser l'huile et le poivre dans une marmite.

Rincer, égrener et piler le piment sec rouge avec le sel.

Ajouter l'ail et piler de nouveau jusqu'à obtention d'une pâte appelée dersa.

Remplir le pilon d'eau, puis délayer et verser cette préparation dans la marmite.

Rincer les fèves et les faire revenir dans la sauce avec la coriandre finement hachée. Laisser braiser à feu doux 20 mn.

Ajouter 2 l d'eau chaude et laisser mijoter jusqu'à la réduction du bouillon (environ 20 à 30 mn).

Vérifier l'assaisonnement en sel à ébullition.

Ajouter les cœurs d'artichauts coupés en deux et laisser mijoter 20 à 30 mn.

Préparation du couscous :
Procéder trois fois à la cuisson du couscous, selon les indications données dans la recette n°1.

À la troisième cuisson, verser le couscous dans une terrine, délayer à l'intérieur le beurre ou l'huile d'olive avec une cuillère en bois.
Servir arrosé de sauce et couvert de légumes.

4. Couscous au chou

Ingrédients pour la sauce :
1 chou
3 carottes
3 navets
3 pommes de terre
1 poignée de fèves sèches
1 piment sec rouge
8 aulx
5 cuillerées à soupe d'huile
1 cuillerée à café de poivre rouge
1 cuillerée à café de sel

Ingrédients pour le couscous :
2 bols de couscous
50 g de beurre
sel

Tremper les fèves la veille (14 h de trempage minimum).
Le lendemain, couper le hile noir des fèves.
Précuire dans de l'eau salée pendant 30 mn.
Rincer à l'eau bouillante et verser très vite dans la sauce chaude.
Trier les feuilles de chou, couper la nervure principale, rincer et couper en petits carrés.
Verser l'huile et le poivre rouge dans une marmite.
Rincer, égrener et piler le piment sec rouge avec le sel.
Ajouter l'ail et piler de nouveau jusqu'à obtention d'une pâte (dersa).
Remplir le pilon d'eau, puis délayer et verser cette préparation dans la marmite. Laisser revenir 5 mn.
À ébullition, verser les fèves et laisser revenir 20 mn à feu doux.
Verser 2 l d'eau. À ébullition, vérifier l'assaisonnement en sel et verser les carottes, les navets, les pommes de terre nettoyées et coupées en quartiers. Laisser mijoter 15 mn.
Verser ensuite les carrés de chou. Laisser mijoter encore 40 à 45 mn.

5. Couscous aux oignons

2 bols de couscous
1 kg d'oignons
lait caillé
1/2 bol d'huile d'olive
sel

Procéder à la cuisson selon les indications données dans la recette n°1.

Nettoyer les oignons, les couper en lamelles.
Saler et faire cuire à la vapeur et à couvert environ 20 à 30 mn.
À la troisième cuisson, verser le couscous dans une grande terrine.
Ajouter les oignons.
Arroser d'huile d'olive et servir chaud avec du lait caillé.

6. Couscous au scolyme d'Espagne

Ingrédients pour la sauce :
300 g de scolyme d'Espagne
1 poignée de fèves sèches
3 navets
2 feuilles de chou
2 tiges de carde
1 piment sec rouge
8 aulx
5 cuillerées à soupe d'huile
1 cuillerée à café de poivre rouge
1 cuillerée à café de sel

Ingrédients pour le couscous :
2 bols de couscous
50 g de beurre
sel

Tremper les fèves sèches la veille (14 h de trempage minimum).
Le lendemain, couper le hile noir des fèves et rincer.
Précuire 30 mn dans de l'eau salée. Rincer dans de l'eau bouillante avant de les verser très rapidement dans la sauce chaude.
Nettoyer le scolyme en coupant le bulbe. Gratter les tiges, les rincer et les couper en carrés.
Faire blanchir quelques minutes dans de l'eau salée bouillante.
Procéder de la même façon pour les cardes.
Rincer les feuilles de chou, enlever la nervure principale et couper en petits carrés.
Verser l'huile et le poivre rouge dans une marmite.
Rincer, égrener et piler le piment avec le sel.
Ajouter l'ail et piler de nouveau jusqu'à obtention d'une pâte (dersa).
Délayer dans un peu d'eau et verser cette préparation dans la marmite.
Laisser revenir à feu doux 5 mn.
Puis verser très vite les fèves précuites après rinçage à l'eau bouillante. Laisser revenir encore 10 mn.
Verser 2, 5 l d'eau chaude et laisser mijoter 30 mn.
Vérifier l'assaisonnement en sel.

Verser ensuite les navets nettoyés et coupés en quartiers, le scolyme, les cardes et les carrés de chou et laisser mijoter 40 à 45 mn jusqu'à la réduction du bouillon.

À la troisième cuisson du couscous, verser le couscous dans une terrine. Délayer le beurre à l'intérieur avec une cuillère en bois.

Servir en arrosant de sauce et recouvrir de légumes.

7. Couscous au scolyme d'Espagne et à l'huile d'olive " Masfouf Bel Guernina "

600 g de scolyme (choisir des pousses très jeunes)
2 bols de couscous
petit-lait
huile d'olive
sel

Procéder à la cuisson du couscous selon les indications données dans la recette n°1.

Lors de la première cuisson du couscous, nettoyer le scolyme, enlever le bulbe, couper les tiges en carrés.
Au moment de la deuxième cuisson, verser sur le couscous les carrés de scolyme et laisser cuire 15 à 20 mn après échappement de la vapeur en même temps que le couscous.
Retirer le couscous, verser dans la terrine, arroser d'un peu d'eau.
Mélanger et laisser quelques minutes les grains de couscous absorber l'eau.
Remettre une dernière fois à la cuisson le couscous et le scolyme dans le couscoussier.
Retirer 15 à 20 mn après échappement de la vapeur.
Verser le tout dans une terrine.
Arroser d'huile d'olive et servir accompagné de petit-lait.

8. Couscous aux topinambours

2 bols de couscous
1 kg de topinambours
50 g de beurre

Rincer les topinambours, les peler et les faire cuire dans de l'eau salée pendant 25 mn à feu doux.
Après la cuisson, les couper en quartiers et laisser égoutter à couvert.
Dès que le couscous est cuit la troisième fois, le retirer du feu et le verser dans une grande terrine.
Faire fondre le beurre à l'intérieur en mélangeant à l'aide d'une cuillère en bois.
Ajouter les topinambours coupés en quartiers, mélanger et servir.

9. Couscous sucré aux petits pois

2 bols de couscous
2 bols de petits pois écossés
sucre en poudre
1 verre de petit-lait ou de lait caillé
50 g de beurre
sel

Pour la cuisson de couscous procéder selon les indications données dans la recette n°1.

Rincer les petits pois écossés. Les saupoudrer d'une pincée de sel et les faire cuire à la vapeur et à couvert pendant 1 h 30 ou les faire cuire dans de l'eau pendant 45 mn.
Vérifier la cuisson.
Dès que le couscous est cuit la troisième fois, le verser dans une terrine.
Faire fondre le beurre à l'intérieur en mélangeant avec une cuillère en bois.
Ajouter les petits pois, saupoudrer de sucre en poudre.
Servir accompagné d'1 verre de petit-lait ou de lait caillé.

10. Couscous aux noix, aux dattes et aux raisins secs

2 bols de couscous
1 bol de dattes
2 bol de noix concassées
1/2 bol de raisins secs
sucre en poudre
eau de fleur d'oranger
1 verre de petit-lait ou de lait caillé
50 g de beurre

Dénoyauter les dattes, les couper en quatre et les laisser mariner dans de l'eau de fleur d'oranger au début de la préparation jusqu'au moment de les verser dans le couscous.
Concasser et décortiquer les noix.
Tremper les raisins secs dans de l'eau de fleur d'oranger au début de la préparation jusqu'au moment de les verser dans le couscous.

Procéder à la cuisson du couscous selon les indications données dans la recette n°1.

Lorsque le couscous est remis la troisième fois à la cuisson, retirer les raisins secs de l'eau de fleur d'oranger et les verser sur le couscous. Laisser cuire 15 à 20 mn après échappement de la vapeur en même temps que le couscous.
Retirer le couscous mélangé aux raisins secs et verser dans une terrine. Faire fondre le beurre à l'intérieur en mélangeant avec une cuillère en bois.
Retirer les morceaux de dattes de l'eau de fleur d'oranger, les verser dans la terrine, ajouter les morceaux de noix. Mélanger.
Saupoudrer de sucre en poudre.
Servir avec 1 verre de petit-lait ou de lait caillé.

11. Couscous aux raisins secs

2 bols de couscous
1 bol de raisins secs
sucre en poudre
1 verre de petit-lait ou de lait caillé
50 g de beurre
sel

Pour la cuisson du couscous, procéder selon les indications données dans la recette n°1.

Après la troisième cuisson, dès que le couscous est remis dans le couscoussier, verser par-dessus les raisins secs préalablement rincés et égouttés et laisser cuire 15 à 20 mn après échappement de la vapeur, en même temps que le couscous.
Retirer ensuite le couscous, le verser dans une terrine.
Faire fondre le beurre à l'intérieur du couscous en mélangeant avec une cuillère en bois.
Saupoudrer de sucre et servir accompagné d'1 verre de petit-lait ou de lait caillé.

12. Couscous au lavandin

1 bouquet de lavandin
1 bol de couscous
huile d'olive
sucre en poudre
petit-lait ou lait caillé
sel

Nettoyer le bouquet de lavandin. Jeter les tiges et ne garder que les fleurs et les bulbes.

Laisser tremper ensuite les fleurs et les bulbes dans une casserole d'eau froide.

Prendre ensuite une petite poignée de fleurs et de bulbes, l'essorer dans une main et la piler jusqu'à l'obtention d'une pâte.

Vider le contenu du pilon en versant la substance obtenue dans 1 bol, puis recommencer l'opération jusqu'à ce que le bouquet de lavandin soit pilé.

Verser ensuite le lavandin pilé sur le couscous dans une terrine, puis arroser d' 1/2 bol d'eau. Mélanger.

Procéder ensuite à la cuisson simultanée du lavandin et du couscous. Cette cuisson à la vapeur dans un couscoussier placé au-dessus d'une marmite se fera selon les indications déjà données dans la recette n°1.

Noter qu'après la première cuisson du couscous et du lavandin, il faut saupoudrer d'une pincée de sel seulement et arroser d' 1/2 bol d'eau froide.

La deuxième cuisson s'effectue selon les indications déjà données. Arroser d' 1/2 bol d'eau froide.

Après la troisième cuisson, verser le couscous et le lavandin dans une terrine. Enduire d'1 cuillerée d'huile d'olive et saupoudrer de sucre en poudre.

Servir avec du petit-lait ou du lait caillé.

13. Couscous sucré au lait

2 bols de couscous
3 à 4 cuillerées à soupe de lait
sucre
50 g de beurre

Procéder à la cuisson du couscous en se référant aux indications données dans la recette n°1.

À la cuisson, délayer le beurre à l'intérieur du couscous.
Pour servir, saupoudrer de sucre chaque assiette de couscous.
Ajouter le lait.
Consommer chaud.

14. Coings aux pruneaux et à la cannelle

1 kg de coings
250 g de pruneaux
4 cuillerées à soupe de sucre en poudre
1 cuillerée à café de cannelle
1 poignée d'amandes
1 citron
50 g de beurre

Tremper les pruneaux dans de l'eau froide au début de la préparation de ce plat jusqu'au moment de les verser dans la sauce.
Rincer les coings, les éplucher, les épépiner et les tremper dans une casserole d'eau avec 3 tranches de citron avant de les verser dans la sauce.
Faire fondre le beurre avec la cannelle à feu très doux.
Ajouter le sucre. Couvrir d' 1/2 l d'eau et laisser mijoter.
À ébullition, verser les pruneaux dans la sauce. Laisser mijoter jusqu'à épaississement de la sauce.
Couper les coings en quatre et les verser dans la sauce.
Saupoudrer de cannelle. Ajouter du sucre si la sauce est trop liquide et laisser mijoter 30 à 40 mn.
Vérifier la cuisson et s'assurer que la sauce est bien épaisse.
Servir en saupoudrant d'amandes hachées grossièrement.

15. Courge rouge aux raisins secs et aux pruneaux

Kürtas

1 courge rouge
150 g de raisins secs
150 g de pruneaux
3 aulx
5 cuillerées à soupe de sucre
1/2 cuillerée à soupe de cannelle
4 cuillerées à soupe d'huile

plats
sucrés

Éplucher la courge. La rincer et la couper en grands cubes.
Rincer les raisins secs et les pruneaux et les ébouillanter 10 mn.
Verser l'huile dans un fait-tout. Ajouter l'ail finement haché.
Verser la courge coupée en cubes et la saupoudrer de 2 cuillerées de sucre. Couvrir d'eau et laisser mijoter 20 mn.
Ajouter le reste du sucre, les raisins secs et les pruneaux.
Saupoudrer de cannelle et laisser mijoter 20 mn.
Consommer chaud.

16. Nèfles aux oignons

Mispel

1 kg de nèfles
2 oignons
4 cuillerées à soupe de sucre en poudre
1/2 cuillerée à café de cannelle
4 cuillerées à soupe d'huile

Hacher finement les oignons et les faire revenir à feu très doux dans l'huile d'olive.

Dès que les oignons sont ramollis, recouvrir de 2 verres d'eau (40 cl) et laisser mijoter 10 mn jusqu'à la réduction de la sauce.

Nettoyer parallèlement les nèfles, les éplucher et les vider sans les ouvrir.

Disposer délicatement les nèfles entières dans la sauce. Laisser braiser 15 mn.

À mi-cuisson, saupoudrer de cannelle et verser progressivement 2 cuillerées à soupe de sucre. Laisser mijoter 2 mn.

Ajouter de nouveau 1 cuillerée à soupe de sucre. Laisser mijoter.

Ajouter la dernière cuillerée de sucre. Laisser mijoter 15 à 20 mn.

Vérifier que la sauce s'est épaissie.

Servir chaud.

17. Patates douces à la cannelle et à l'eau de fleur d'oranger

1 kg de pommes de terre
2 cuillerées à café de cannelle
4 verres d'eau de fleur d'oranger
4 cuillerées à soupe de sucre
3 cuillerées à soupe d'huile de table

Verser l'huile, l'eau de fleur d'oranger, une pincée de cannelle et le sucre dans la marmite. Chauffer jusqu'à ébullition.
Nettoyer les patates douces, les éplucher, les rincer et les couper en rondelles épaisses.
À ébullition de la sauce, plonger dedans les patates douces crues.
Saupoudrer de cannelle et laisser mijoter à feu doux pendant 30 mn.
Servir chaud.

18. Soupe au thym et à la levure " Harirakarsa "

6 tomates fraîches et mûres
1 piment sec rouge
8 aulx
1 cuillerée à soupe de levure de bière
3 cuillerées à soupe de farine
1 cuillerée à soupe de thym
1 cuillerée à café de carvi
5 cuillerées à soupe d'huile
vinaigre
1 cuillerée à café de poivre rouge
1/2 cuillerée à café de sel

Rincer, peler, égrener et hacher les tomates.
Les faire revenir à feu doux dans l'huile et le poivre.
Rincer, égrener et piler le piment avec le sel, le carvi et le thym.
Ajouter l'ail et piler de nouveau jusqu'à obtention d'une pâte (dersa).
Délayer dans un peu d'eau, puis verser cette préparation sur les tomates. Laisser braiser à feu doux.
Mélanger la farine, la levure de bière avec le vinaigre et un peu d'eau. Filtrer à la passoire pour enlever les grumeaux.
Verser cette préparation dans la marmite. Ajouter 3, 5 l d'eau et remuer sans arrêt jusqu'à l'épaississement du bouillon. Laisser mijoter 45 mn jusqu'à la réduction du bouillon.
Vérifier l'assaisonnement en sel.
Servir chaud.

19. Soupe de blé vert concassé " D'Chicha Fric "

5 cuillerées à soupe de blé vert concassé
100 g de fèves séchées
1 poignée de petits pois
1 poignée de pois chiches
2 courgettes
2 pommes de terre
4 tomates
2 cuillerées à soupe de concentré de tomates
1 oignon
8 aulx
1 piment sec rouge
1 cuillerée à café de grains de fenouil
1 bouquet de coriandre
1 petit bouquet de menthe
5 cuillerées à soupe d'huile
1 pincée de poivre noir
1 cuillerée à café de poivre rouge ras el hanout
(12 épices)
1 cuillerée à café de sel

Tremper les fèves séchées et les pois chiches dans de l'eau la veille de la préparation de cette soupe (14 h de trempage minimum).

Le lendemain, couper le hile noir des fèves et les faire cuire dans de l'eau salée pendant 1 h 15.

Après la cuisson, les rincer dans de l'eau bouillante avant de les verser très rapidement dans la sauce chaude.

Précuire également les pois chiches pendant 15 mn.

Nettoyer les courgettes et les pommes de terre. Les couper en petits cubes. Rincer, égoutter.

Écosser les petits pois, les rincer, les égoutter.

Verser l'huile et le poivre rouge dans une marmite.

Ajouter la coriandre, la menthe et l'oignon finement hachés. Saupoudrer d'une pincée de sel et de poivre noir et laisser revenir à feu très doux.

Verser ensuite les fèves précuites rincées, les petits pois, les pommes de terre et les courgettes coupées.

Rincer, égrener et piler le piment avec le sel, les graines de fenouil et ras el hanout.

Ajouter l'ail et piler de nouveau jusqu'à obtention d'une pâte dersa.

Délayer dans un peu d'eau chaude et verser cette préparation sur les légumes. Laisser mijoter 5 mn.

Ajouter le concentré de tomates dilué dans un peu d'eau chaude.

Placer un couscoussier au-dessus de la marmite.

Couper les tomates en deux et les disposer à l'intérieur du couscoussier.

Laisser cuire à la vapeur et à couvert pendant 20 mn, en même temps que les légumes dans la marmite.

Passer les tomates à la moulinette, au-dessus des légumes.

Couvrir de 3, 5 l d'eau chaude, verser les pois chiches et laisser mijoter environ 40 mn jusqu'à la réduction du bouillon.

Rincer le blé, trier, rincer de nouveau.

Laisser égoutter et verser en pluie dans le bouillon.

Servir en parsemant de coriandre hachée.

soupes

20. Soupe de semoule à la menthe pouliot

1/2 bouquet de menthe pouliot
3 cuillerées à soupe de semoule moyenne
1 piment sec rouge
8 aulx
1 cuillerée à café de carvi
2 cuillerées à soupe d'huile
1 cuillerée à café de poivre rouge
1 cuillerée à café de sel

Rincer, égrener et piler le piment avec le sel et le carvi.
Ajouter l'ail et piler de nouveau jusqu'à obtention d'une pâte (dersa).
Délayer cette préparation dans de l'eau.
Rincer la menthe pouliot, l'effeuiller et la laisser égoutter.
Verser l'huile et le poivre rouge dans un fait-tout.
Ajouter la dersa et les feuilles de menthe pouliot et laisser braiser environ 10 mn.
Verser 3 l d'eau et laisser mijoter pendant 45 mn à 1 h.
Vérifier l'assaisonnement en sel.
Verser en pluie la semoule, remuer et laisser mijoter 15 mn.
Servir chaud.

21. Soupe de lentilles au cumin

1 bol de lentilles
10 aulx
1 cuillerée à café de cumin
4 cuillerées à soupe d'huile de table
1 petite cuillerée à soupe d'huile d'olive
1 cuillerée à café de vinaigre
1 petite cuillerée à café de sel

Nettoyer les lentilles, les rincer et les égoutter.
Piler l'ail, le sel et le cumin.
Remplir le pilon d'eau et verser celle-ci dans la marmite avec l'huile de table. Faire revenir à feu doux pendant 1 mn.
Y verser alors les lentilles. Ajouter 5 bols d'eau et laisser mijoter à feu doux pendant 1 h à 1 h 15.
Surveiller le niveau de l'eau et vérifier l'assaisonnement en sel.
Servir chaud arrosé avec l'huile d'olive et le vinaigre.

22. Soupe de haricots blancs secs au cumin

400 g de haricots blancs secs
1 piment sec rouge
2 cuillerées à café de cumin
5 cuillerées à soupe d'huile
vinaigre
1 cuillerée à café de poivre rouge
1 cuillerée à café de sel

Tremper les haricots blancs la veille (14 h de trempage minimum).
Le lendemain, précuire les haricots dans 3 l d'eau pendant 1 h.
Ajouter un peu de sel 30 mn après le début de la précuisson des haricots.
Verser l'huile et le poivre rouge dans une marmite.
Rincer, égrener et piler le piment sec rouge avec le sel et le cumin.
Ajouter l'ail et piler de nouveau jusqu'à obtention d'une pâte (dersa).
Remplir le pilon d'eau, puis délayer et verser cette préparation dans la marmite. Faire revenir 5 mn.
Puis verser les haricots et le bouillon dans la marmite avec la sauce.
Laisser mijoter 45 mn jusqu'à la réduction du bouillon.
Vérifier la cuisson des haricots et l'assaisonnement en sel.
Servir chaud avec un filet de vinaigre.

23. Soupe de pommes de terre

500 g de pommes de terre
2 oignons secs
2 cuillerées à soupe de vermicelle fin
1 bouquet de persil
1 citron
4 cuillerées à soupe d'huile
poivre
sel

Verser l'huile dans une marmite, hacher et ajouter les oignons.
Ajouter les pommes de terre crues coupées en cubes. Saler, poivrer et faire revenir dans l'huile 15 mn à feu doux.
Verser 1/4 de l d'eau chaude, laisser mijoter 20 mn.
Passer cette préparation à la moulinette et reverser dans la marmite.
Ajouter 2 l d'eau et laisser mijoter 20 à 30 mn.
Verser le vermicelle et éteindre 5 mn après.
Parsemer de persil finement haché.
Servir chaud avec un filet de citron.

24. Soupe de pois chiches au cumin

400 g de pois chiches
1 piment sec rouge
8 aulx
2 cuillerées à café de cumin
5 cuillerées à soupe d'huile
vinaigre
1 cuillerée à café de poivre rouge
1 cuillerée à café de sel

Tremper les pois chiches la veille de la préparation de cette soupe (14 h de trempage minimum).

Le lendemain, rincer et précuire les pois chiches dans 3 l d'eau pendant 30 mn.

Saler après 15 mn de précuisson.

Verser l'huile et le poivre rouge dans la marmite.

Rincer, égrener et piler le piment sec rouge avec le sel et le cumin.

Ajouter l'ail et piler de nouveau jusqu'à obtention d'une pâte (dersa).

Remplir le pilon d'eau, puis délayer et verser cette préparation dans la marmite.

Verser les pois chiches avec le bouillon dans la sauce et laisser mijoter 30 à 40 mn jusqu'à cuisson des pois chiches et réduction du bouillon.

Servir chaud avec un filet de vinaigre.

25. Soupe de gombos

500 g de gombos
1 oignon sec
1 pomme de terre
1 carotte
1 courgette
6 tomates mûres
1 poignée de pois chiches
1 cuillerée à soupe de concentré de tomates
1 bouquet de coriandre
grains de fenouil
2 cuillerées à soupe de vermicelle fin
1/2 cuillerée à café de cannelle
5 cuillerées à soupe d'huile
1 pincée de poivre noir
1/2 cuillerée à café de poivre rouge
1 cuillerée à café de sel

Tremper les pois chiches la veille de la préparation (14 h de trempage minimum).
Éplucher, rincer les légumes (carotte, pomme de terre, courgette) et les laisser tremper dans de l'eau.
Rincer les gombos, frotter délicatement la surface du légume, couper les pédoncules et les laisser tremper dans de l'eau salée.
Verser l'huile dans une marmite.
Ajouter l'oignon, la coriandre hachés et les pois chiches.
Verser ensuite les légumes coupés en quartiers et les gombos en rondelles. Ajouter les grains de fenouil, saupoudrer de sel, de poivre noir, de poivre rouge et de cannelle.
Ajouter le concentré de tomates dilué dans un peu d'eau.
Couper les tomates en deux, les placer dans un couscoussier au-dessus de la marmite et laisser cuire en même temps que les légumes 15 à 20 mn à feu doux. Ajouter 3 l d'eau et laisser mijoter 30 mn.
Vérifier l'assaisonnement en sel.
Passer les tomates à la moulinette placée au-dessus de la marmite.
Laisser encore mijoter 45 mn.
À 5 mn de la fin de la cuisson, verser le vermicelle et éteindre le feu.

26. Ail aux œufs et au piment "Taklia b'l dersa"

1 piment sec rouge
20 aulx
4 œufs
3 cuillerées à soupe d'huile
1 cuillerée à café de poivre rouge
1 cuillerée à café de sel

Verser l'huile et le poivre rouge dans une marmite.

Rincer, égrener et piler le piment sec rouge avec le sel.

Ajouter ensuite 4 aulx et piler de nouveau jusqu'à obtention d'une pâte (dersa).

Remplir le pilon d'eau, puis verser cette sauce dans la marmite avec l'huile et le poivre rouge. Faire revenir 5 mn.

Puis verser le reste des aulx et laisser mijoter environ 15 mn à feu doux.

Verser ensuite les œufs battus et laisser encore mijoter 5 mn.

légumes

27. Aubergines aux tomates et aux oignons

1 kg d'aubergines
1 kg de tomates
1 kg d'oignons
8 aulx
thym
laurier
4 cuillerées à soupe d'huile
vinaigre
poivre noir
sel

Nettoyer et éplucher les aubergines. Les couper en rondelles et les faire frire dans de l'huile très chaude.
Nettoyer et couper les oignons en lamelles fines, puis les faire revenir dans l'huile avec un peu de sel et une pincée de poivre noir.
Peler les tomates, les passer à la moulinette ou les mixer et faire revenir pendant 30 mn avec 2 cuillerées à soupe d'huile avec l'ail finement haché, quelques brins de thym, 3 ou 4 feuilles de laurier et 1 verre d'eau.
Disposer ensuite les tranches d'aubergines frites dans un plat.
Couvrir de sauce tomate et des lamelles d'oignons frites.
Servir avec un filet de vinaigre.

28. Aubergines au carvi
" Zaalouka "

1 kg d'aubergines
8 aulx
1 piment sec rouge (felfel driss)
1 cuillerée à café de carvi
3 cuillerées à soupe d'huile
vinaigre
1 cuillerée à café de poivre rouge
1 petite cuillerée à café de sel

Nettoyer les aubergines, les éplucher avec un couteau à pomme de terre, les couper en quartiers.
Les saler et les faire cuire à la vapeur pendant 30 mn. Couvrir pendant la cuisson.
Verser l'huile et le poivre rouge dans une marmite.
Rincer, égrener le piment sec rouge, puis le piler avec le sel et le carvi.
Ajouter l'ail, piler de nouveau jusqu'à obtention d'une pâte (dersa).
Remplir le pilon d'eau, puis mélanger et verser cette préparation dans la marmite. Laisser mijoter pendant 5 mn.
Verser ensuite dans la sauce les aubergines précuites et laisser mijoter 20 mn à feu moyen.
Servir avec un filet de vinaigre.

29. Aubergines au carvi et au vinaigre

1 kg d'aubergines
8 aulx
1 piment sec rouge
3 cuillerées à café de carvi
2 cuillerées à soupe de vinaigre
huile
1/2 cuillerée à café de sel

Nettoyer les aubergines, les éplucher et les couper en rondelles, les saler et les faire frire de l'huile très chaude.

Disposer les aubergines frites dans une assiette couverte d'une serviette en papier.

Récupérer 3 cuillerées à soupe d'huile de friture, verser dans un fait-tout.

Rincer, égrener et piler le piment sec rouge avec le sel et le carvi. Ajouter l'ail et piler de nouveau jusqu'à obtention d'une pâte (dersa). Délayer dans un peu d'eau.

Verser cette préparation dans le fait-tout.

Ajouter le vinaigre et laisser mijoter 15 mn.

Couvrir les aubergines avec cette sauce et servir froid.

légumes

30. Aubergines aux pois chiches et au citron

" Yama Aouicha "

3 aubergines
150 g de pois chiches
1 piment sec rouge
1 citron
1 cuillerée à soupe de riz
8 aulx
1 petit bouquet de coriandre
4 cuillerées à soupe d'huile
vinaigre
1 cuillerée à café de poivre rouge
1/2 cuillerée à café de sel

Tremper les pois chiches dans de l'eau la veille de la préparation de ce plat (14 h de trempage minimum).
Nettoyer les aubergines. Les couper en quartiers. Les rincer dans de l'eau vinaigrée, puis les faire cuire dans de l'eau salée pendant 15 mn.
Précuire les pois chiches dans de l'eau salée pendant 15 mn.
Verser l'huile et le poivre dans un fait-tout.
Rincer, égrener et piler le piment avec le sel.
Ajouter l'ail et piler de nouveau jusqu'à obtention d'une pâte (dersa).
Délayer dans un peu d'eau, puis verser cette préparation dans le fait-tout.
Ajouter le jus du citron et laisser mijoter 5 mn.
Verser les pois chiches, puis les aubergines, et laisser mijoter encore 15 mn.
Verser le riz cru en pluie, parsemer de coriandre hachée. Couvrir avec un peu d'eau chaude et laisser mijoter 20 mn jusqu'à la réduction de la sauce.
Vérifier l'assaisonnement en sel.

31. Aubergines aux oignons et au vinaigre
" Barendjel M'Chrmel Bel Bsal "

1 kg d'aubergines
4 oignons secs
4 cuillerées à soupe d'huile
3 cuillerées à soupe de vinaigre
1 pincée de poivre noir
sel

Nettoyer les aubergines. Les couper en grosses rondelles, les saler et les faire frire dans de l'huile très chaude.

Disposer les aubergines frites dans une assiette couverte d'une serviette en papier.

Récupérer 4 cuillerées à soupe d'huile de friture, y verser les oignons nettoyés et coupés en lamelles. Saler et poivrer. Faire revenir à feu très doux.

Dès que les oignons sont ramollis, ajouter un peu d'eau et laisser mijoter jusqu'à la réduction de la sauce et réapparition de l'huile de cuisson.

Verser le vinaigre sur les oignons. Mélanger.

Disposer les tranches d'aubergines dans un plat et mettre par-dessus les oignons au vinaigre.

Consommer chaud ou froid.

légumes

32. Aubergines aux fèves sèches " Badendjel Bel Foul Yabes "

1 kg d'aubergines
200 g de fèves sèches
1 piment sec rouge
10 aulx
4 cuillerées à soupe d'huile
vinaigre
1 cuillerée à café de poivre rouge
1 petite cuillerée à café de sel

La veille de la préparation de ce plat, tremper les fèves sèches dans de l'eau froide (14 h de trempage minimum).

Le lendemain, nettoyer les fèves sèches en coupant le hile noir, les rincer et les faire cuire dans de l'eau salée pendant 1 h 30.

Pendant ce temps, préparer la sauce en versant l'huile et le poivre dans la marmite.

Rincer, égrener et piler le piment avec le sel.

Ajouter l'ail, puis piler de nouveau jusqu'à obtention d'une pâte (dersa).

Remplir le pilon d'eau, puis mélanger et verser cette préparation dans la marmite sur l'huile et le poivre et laisser revenir environ 7 mn.

Retirer les fèves, les rincer à l'eau très chaude et les verser immédiatement dans la sauce chaude.

Ajouter ensuite la mesure d'un pilon d'eau chaude dans la marmite et laisser mijoter environ 15 mn.

Pendant ce temps, nettoyer les aubergines en les épluchant avec un couteau à pomme de terre. Les couper en quatre dans le sens de la longueur, puis les verser dans la marmite et laisser mijoter environ 25 mn à feu moyen.

Ajouter un peu de sel si nécessaire.

Servir avec un filet de vinaigre.

33. Blettes aux tomates et aux œufs

600 g de blettes
2 tomates
6 aulx
2 œufs
huile de table
2 pincées de poivre noir
sel

Nettoyer, couper les blettes en petits carrés et les faire blanchir dans de l'eau bouillante salée pendant 10 mn.

Après la cuisson, laisser les blettes égoutter, puis les presser dans la main pour en retirer totalement l'eau.

Verser 2 cuillerées à soupe d'huile dans une poêle et faire revenir les blettes à feu doux pendant 4 à 5 mn.

Ajouter ensuite les tomates et l'ail finement haché, une pincée de sel et de poivre. Couvrir et laisser revenir pendant 15 mn.

Battre ensuite les œufs avec une pincée de sel et de poivre.

Les verser au-dessus de la poêle. Laisser revenir encore 6 mn en remuant à l'aide d'une fourchette.

Consommer chaud ou froid.

Manjold

34. Cardes à la cannelle

1 kg de cardes
1 poignée de pois chiches
1 gros oignon
1 œuf
1 citron
1 cuillerée à café de cannelle
1 petit bouquet de persil
4 cuillerées à soupe d'huile de table
1 pincée de poivre noir
1 petite cuillerée à café de sel de cuisine

Tremper les pois chiches dans de l'eau la veille de la préparation de ce plat (14 h de trempage minimum).
Le lendemain, les précuire pendant 30 mn.
Nettoyer les tiges des cardes, gratter la surface du légume et retirer les filaments de l'écorce. Couper chaque tige en quartiers. Rincer, puis les précuire pendant 45 mn à feu moyen dans une casserole d'eau salée et 2 tranches de citron.
Préparer ensuite la sauce en faisant revenir pendant 3 mn l'oignon râpé, l'huile et le sel, le poivre et une pincée de cannelle.
Ajouter ensuite 3 verres d'eau et, à ébullition, verser les pois chiches.
Laisser mijoter 10 mn.
Puis y verser les cardes. Saupoudrer de cannelle et laisser mijoter environ 20 mn.
5 mn avant la fin de la cuisson, battre l'œuf avec le persil haché, une pincée de sel et le jus du citron.
Bien mélanger, puis verser cette préparation au-dessus du plat.
Laisser mijoter 5 mn.

légumes

35. Cardes au cumin

1 **kg de cardes**
3 **grosses pommes de terre**
1 **piment sec rouge (felfel driss)**
8 **aulx**
1 **citron**
1 **cuillerée à café de cumin**
4 **cuillerées à soupe d'huile**
1 **cuillerée à café de poivre rouge**
1/2 **cuillerée à café de sel**

Nettoyer les cardes en grattant l'écorce du légume et en retirant les filaments. Couper chaque tige en plusieurs quartiers. Les rincer, puis précuire pendant 45 mn dans de l'eau salée avec 2 tranches de citron. Verser ensuite l'huile et le poivre rouge dans la marmite.
Rincer, égrener le piment sec rouge, puis le piler avec le sel et le cumin.
Ajouter ensuite l'ail et piler de nouveau jusqu'à l'obtention d'une pâte (dersa).
Remplir le pilon d'eau, puis mélanger et verser cette préparation dans la marmite avec l'huile et le poivre rouge. Faire revenir à feu doux pendant 10 mn.
Ajouter 1 verre d'eau, porter à ébullition.
Verser ensuite les pommes de terre nettoyées et coupées en grosses rondelles. Laisser mijoter 5 mn.
Puis y verser les cardes. Laisser mijoter encore 25 mn à feu moyen.
Servir avec un filet de citron.

légumes

36. Carottes au carvi

500 g de carottes
1 piment sec rouge
8 aulx
1 cuillerée à café de carvi
3 cuillerées à soupe d'huile
vinaigre
1 cuillerée à café de poivre rouge
1/2 cuillerée à café de sel

légumes

Nettoyer les carottes. Les éplucher, les saler légèrement et les faire cuire à la vapeur et à couvert pendant 30 à 40 mn.
Verser l'huile et le poivre rouge dans un fait-tout.
Rincer, égrener et piler le piment sec rouge avec le sel et le carvi.
Ajouter l'ail et piler de nouveau jusqu'à obtention d'une pâte (dersa).
Remplir le pilon d'eau, puis délayer et verser cette préparation dans le fait-tout. Faire revenir 5 mn.
Retirer les carottes, les couper en rondelles, puis les verser dans la sauce et les laisser mijoter 15 à 20 mn à feu doux.
Servir avec un filet de vinaigre.

37. Céleri
aux pommes de terre
et au citron

1 botte de céleri
3 pommes de terre
1 piment sec rouge
6 aulx
1 jaune d'œuf
1 citron
4 cuillerées à soupe d'huile
1 cuillerée à café de poivre rouge
1/2 cuillerée à café de sel

Verser l'huile et le poivre rouge dans un fait-tout.
Rincer, égrener et piler le piment sec rouge avec le sel.
Ajouter l'ail et piler de nouveau jusqu'à obtention d'une pâte (dersa).
Délayer dans un peu d'eau, puis verser cette préparation dans le fait-tout. Laisser mijoter 5 mn.
Verser ensuite les branches de céleri nettoyées et coupées en quartiers.
Ajouter les pommes de terre nettoyées et coupées en rondelles.
Couvrir avec un peu d'eau chaude et laisser braiser jusqu'à la réduction de la sauce (environ 40 à 45 mn).
Vérifier l'assaisonnement en sel.
Délayer le jaune d'œuf avec le jus de citron.
Ajouter 2 cuillerées à soupe de sauce. Mélanger et verser au-dessus des légumes.
Couvrir et éteindre le feu.

38. Chou à la coriandre et à la menthe

1 chou
1 piment sec rouge
6 aulx
1 bouquet de coriandre
1 petit bouquet de menthe
4 cuillerées à soupe d'huile
1/2 cuillerée à café de poivre rouge
1/2 cuillerée à café de sel

Trier les feuilles de chou et les faire blanchir dans de l'eau bouillante salée pendant 10 mn.

Retirer du feu et laisser égoutter, puis enlever la nervure principale et couper les feuilles en carrés.

Verser l'huile et le poivre rouge dans un fait-tout.

Rincer, égrener et piler le piment sec rouge avec le sel.

Ajouter l'ail et piler de nouveau jusqu'à obtention d'une pâte (dersa).

Remplir le pilon d'eau, puis délayer et verser cette préparation dans le fait-tout. Faire revenir 10 mn.

Puis verser les carrés de chou. Couvrir d'eau et laisser mijoter 40 mn.

10 mn avant la fin de la cuisson, y verser la coriandre et la menthe finement hachées.

39. Chou-fleur au cumin
" Chtitha chou-fleur "

1 **chou-fleur**
1 **piment sec rouge (felfel driss)**
5 **aulx**
1 **citron**
1 **cuillerée à café de cumin**
4 **cuillerées à soupe d'huile de table**
1/2 **cuillerée à café de poivre rouge**
1 **petite cuillerée à café de sel de cuisine**

Nettoyer le chou-fleur en coupant séparément chaque bouquet, puis le précuire dans de l'eau salée avec 1 tranche de citron pendant 40 mn à four moyen.
Égoutter les bouquets du chou-fleur.
Verser l'huile et le poivre rouge dans la marmite.
Rincer le piment sec et l'égrener, puis le piler avec le sel et le cumin.
Ajouter ensuite l'ail, puis piler de nouveau jusqu'à obtention d'une pâte (dersa).
Remplir le pilon d'eau, puis mélanger et verser cette préparation dans la marmite et laisser mijoter à feu doux pendant 10 mn.
Verser ensuite les bouquets de chou-fleur dans la sauce et laisser mijoter environ 15 mn à feu doux.
Servir avec un filet de citron.

légumes

40. Cœurs d'artichauts au cumin

2 kg d'artichauts
8 aulx
1 piment sec rouge
2 œufs
1 cuillerée à café de cumin
3 cuillerées à soupe d'huile de table
1 cuillerée à café de poivre rouge
1 petite cuillerée à café de sel

Nettoyer les artichauts, n'en conserver que les cœurs.
Rincer abondamment et laisser tremper dans de l'eau vinaigrée depuis le début de la préparation jusqu'au moment de les verser dans la sauce.
Verser l'huile et le poivre rouge dans la marmite.
Rincer et égrener le piment sec rouge, puis le piler avec le sel et le cumin.
Ajouter l'ail, puis piler de nouveau jusqu'à l'obtention d'une pâte (dersa).
Remplir le pilon d'eau, mélanger, puis verser cette préparation dans la marmite avec l'huile et le poivre rouge. Laisser revenir 5 mn.
Puis verser les cœurs d'artichauts coupés en quatre. Couvrir d'eau et laisser mijoter 40 mn.
Après la cuisson, verser par-dessus les œufs battus et laisser mijoter 3 mn.

41. Courge rouge au vinaigre

1 courge rouge tendre
1 piment sec rouge
6 aulx
1 cuillerée à café de carvi
3 cuillerées à soupe d'huile
1 cuillerée à soupe de vinaigre
1/2 cuillerée à café de poivre rouge
1/2 cuillerée à café de sel

Éplucher la courge. La couper en tranches fines et faire frire dans de l'huile très chaude.
Disposer ensuite les tranches de courge dans une assiette.
Verser l'huile et le poivre rouge dans un fait-tout.
Rincer, égrener et piler le piment sec rouge avec le sel et le carvi.
Ajouter l'ail et piler de nouveau jusqu'à obtention d'une pâte (dersa).
Remplir le pilon d'eau, puis délayer et verser cette préparation dans le fait-tout. Laisser revenir 5 mn.
Puis plonger les tranches de courge et laisser braiser 15 mn.
Arroser avec le vinaigre et servir froid.

légumes

42. Courgettes au cumin " Mokh El Cheikh "

1 kg de courgettes
1 piment sec rouge (felfel driss)
8 aulx
1 cuillerée à café de cumin
4 cuillerées à soupe d'huile de table
1 cuillerée à café de poivre rouge
1 petite cuillerée à café de sel

Verser dans un fait-tout l'huile et le poivre rouge.

Rincer et égrener le piment, puis le piler avec le sel et le cumin.

Ajouter ensuite l'ail, puis piler de nouveau jusqu'à l'obtention d'une pâte (dersa).

Remplir le pilon d'eau, puis mélanger et verser cette préparation dans la marmite et faire revenir à feu doux pendant 15 mn.

Pendant ce temps, nettoyer les courgettes en grattant légèrement au couteau la surface du légume. Rincer abondamment, puis couper les courgettes en cubes.

Verser les courgettes dans la sauce et laisser mijoter à feu doux pendant 25 mn.

légumes

43. Courgettes à l'oignon

500 g de courgettes
1 gros oignon
1 piment sec rouge (felfel driss)
3 cuillerées à soupe d'huile de table
1 cuillerée à café de poivre rouge
1 petite cuillerée à café de sel

Nettoyer et hacher l'oignon.
Nettoyer les courgettes et les couper en petits cubes.
Verser l'huile et le poivre rouge dans la marmite, y ajouter l'oignon haché et faire revenir à feu très doux.
Rincer, égrener et piler le piment avec le sel jusqu'à l'obtention d'une pâte (dersa).
Remplir le pilon d'eau, puis mélanger et verser cette sauce dès que l'oignon est ramolli. Laisser mijoter environ 10 mn.
Verser ensuite les courgettes. Couvrir d'eau et laisser mijoter 30 mn à feu moyen.

légumes

44. Courgettes aux oignons frits

500 g de courgettes
2 gros oignons
2 cuillerées à soupe d'huile
vinaigre
poivre noir
sel

Nettoyer les courgettes en grattant la surface du légume.
Les couper en rondelles et les faire frire dans de l'huile bien chaude.
Nettoyer les oignons. Les couper en lamelles et les faire revenir dans
2 cuillerées à soupe d'huile, du sel et du poivre noir.
Disposer les rondelles de courgettes frites dans une assiette.
Couvrir avec les lamelles d'oignons et arroser d'un filet de vinaigre.

légumes

45. Courgettes aux pommes de terre

6 courgettes
3 pommes de terre
1 oignon
1 tomate
4 cuillerées à soupe d'huile
1/2 cuillerée à café de sel
1 pincée de poivre noir

Verser l'huile dans un fait-tout.
Ajouter l'oignon finement haché, une pincée de sel et de poivre.
Ajouter les courgettes et les pommes de terre nettoyées et coupées en quartiers. Parsemer de 1/2 cuillerée à café de sel. Mélanger et laisser braiser 10 mn à feu doux.
Dès que les oignons sont ramollis, ajouter la tomate pelée et finement hachée. Laisser braiser de nouveau 15 mn à feu doux.
Couvrir d'eau chaude et laisser mijoter 20 à 30 mn jusqu'à la réduction de la sauce.

légumes

46. Criste marine au carvi "Chlata El Bahr BelKerouya"

700 g de criste marine
8 aulx
1 piment sec rouge
1 cuillerée à café de carvi
4 cuillerées à soupe d'huile
vinaigre
1 cuillerée à café de poivre rouge
1/2 cuillerée à café de sel

Nettoyer la plante, l'effeuiller et la faire cuire dans de l'eau légèrement salée pendant 45 mn.
Verser l'huile et le poivre rouge dans un fait-tout.
Rincer, égrener et piler le piment avec le sel et le carvi.
Ajouter l'ail et piler de nouveau jusqu'à obtention d'une pâte (dersa).
Remplir le pilon d'eau, puis délayer et verser cette préparation dans le fait-tout.
À ébullition, verser les feuilles de criste marine dans la sauce et laisser mijoter 20 à 30 mn.
Servir avec un filet de vinaigre.

47. Épinards à l'ail
" Chtitha Blet "

300 g d'épinards
1 piment sec rouge
8 aulx
2 œufs
3 cuillerées à soupe d'huile
1 cuillerée à café de poivre rouge
1 petite cuillerée à café de sel

Rincer les épinards, puis couper les tiges et les feuilles en petits carrés. Blanchir les tiges coupées dans de l'eau salée bouillante à feu doux pendant 5 mn.
Ajouter les feuilles coupées et laisser blanchir pendant 10 mn.
Retirer du feu, laisser égoutter, puis presser les épinards dans la main pour en retirer l'eau.
Préparer ensuite la sauce en versant l'huile et le poivre rouge dans la marmite.
Rincer, égrener et piler le piment avec le sel.
Ajouter l'ail et piler de nouveau jusqu'à l'obtention d'une pâte (dersa).
Remplir le pilon d'eau, puis mélanger et verser cette préparation dans la marmite avec l'huile et le poivre rouge. Faire revenir 5 mn.
Puis y mettre les épinards et laisser mijoter 10 mn.
Battre ensuite les œufs entiers et verser au-dessus du plat.
Laisser mijoter 3 mn.

légumes

48. Épinards
aux feuilles de brick

700 g d'épinards
4 feuilles de brick
1 œuf
100 g de gruyère râpé
beurre
1 pincée de poivre noir
sel

Nettoyer les épinards. Les couper et les faire cuire dans de l'eau salée selon les indications données dans la recette n°47.

Laisser égoutter et les presser dans la main pour en retirer totalement l'eau.
Faire revenir ensuite les épinards avec une noix de beurre dans une casserole pendant 5 mn.
Superposer 2 feuilles de brick dans un moule à tarte beurré.
Verser sur les feuilles de brick les épinards et les répartir sur toute la surface. Verser également l'œuf battu sur toute la surface.
Saupoudrer de poivre noir. Parsemer de gruyère râpé.
Couvrir avec 2 autres feuilles de brick.
Ajouter par-dessus deux ou trois noix de beurre et laisser gratiner au four pendant 20 mn.

49. Épinards
aux olives violettes

600 g d'épinards
200 g d'olives violettes
1 piment sec rouge
8 aulx
3 cuillerées à soupe d'huile
1 cuillerée à café de poivre rouge
1 petite cuillerée à café de sel

Pour la cuisson des épinards et la préparation de la sauce procéder selon les indications données dans la recette n°47.

Dénoyauter les olives et les faire blanchir dans de l'eau bouillante pendant 10 mn.
Rincer ensuite les olives et les verser dans la sauce avec les épinards et laisser mijoter encore 15 mn.

50. Épinards aux pois chiches

600 g d'épinards
150 g de pois chiches
1 kg de fèves tendres
2 carottes
1 piment sec rouge
8 aulx
1 petit bouquet de coriandre
4 cuillerées à soupe d'huile de table
1 cuillerée à café de poivre rouge
sel

Tremper les pois chiches dans l'eau la veille de la préparation de ce plat (14 h de trempage minimum).

Nettoyer et rincer les fèves, puis les couper en quartiers après en avoir retiré les filaments.

Conserver la fève dans l'écorce lorsque celle-ci est tendre ; dans le cas contraire, conserver la fève seulement.

Saler, puis faire cuire à la vapeur et à couvert pendant 1 h 30 .

Rincer les épinards, les couper en petits carrés et les faire blanchir quelques minutes dans de l'eau salée bouillante.

Les retirer, laisser égoutter, puis les presser dans la main pour en retirer totalement l'eau.

Précuire les pois chiches dans de l'eau salée pendant 20 mn, puis laisser égoutter.

Préparer la sauce en versant l'huile et le poivre rouge dans un fait-tout.

Rincer, égrener et piler le piment avec une pincée de sel.

Ajouter l'ail et piler de nouveau jusqu'à l'obtention d'une pâte (dersa). Remplir le pilon d'eau, puis mélanger.

Verser ensuite les pois chiches dans la sauce. Ajouter les fèves précuites et les carottes coupées en cubes. Laisser mijoter 5 mn.

Ajouter les épinards et la coriandre finement hachée. Couvrir d'eau chaude et laisser mijoter 30 à 40 mn jusqu'à la réduction de la sauce.

Vérifier l'assaisonnement en sel.

51. Fenouils à la cannelle

1 kg de fenouils
1 poignée de pois chiches
1 gros oignon
1 cuillerée à café de cannelle
3 cuillerées à soupe d'huile de table
1 pincée de poivre noir
1 petite cuillerée à café de sel

Tremper les pois chiches la veille de la préparation de ce plat (14 h de trempage minimum).
Le lendemain, précuire les pois chiches dans de l'eau salée 20 mn.
Nettoyer les fenouils en coupant l'extrémité de la tête et les branches.
Les rincer, puis les couper en deux dans le sens de la longueur et les laisser tremper dans l'eau froide. Les égoutter.
Nettoyer l'oignon, le rincer, puis le râper dans la marmite.
Faire revenir ensuite à feu doux pendant 7 mn l'oignon râpé, l'huile, le sel, le poivre et une pincée de cannelle, puis couvrir d'eau (environ 3 verres) et laisser mijoter.
À ébullition, verser les pois chiches, laisser mijoter 10 mn, puis verser les fenouils dans la sauce.
Saupoudrer de cannelle.
Laisser mijoter à feu moyen pendant 25 mn.

légumes

52. Feuilles de vigne farcies

25 feuilles de vigne
1 gros oignon
3 cuillerées à soupe de riz
2 cuillerées à soupe de raisins secs
1 cuillerée à soupe de petits pois
1 citron
1 petit bouquet de menthe
cannelle
saumure (eau, sel, laurier,graines de fenouil,
poivre)
4 cuillerées à soupe d'huile
poivre noir
sel

légumes

Pour la préparation de ce plat, utiliser des feuilles de vigne trempées dans de la saumure (eau, sel, laurier, graines de fenouil, poivre) et ayant macéré pendant un mois au moins.

Rincer les feuilles de vigne, les équeuter.

Cuire le riz avec les petits pois et les raisins secs dans 1 l d'eau salée pendant 20 mn.

Après la cuisson, rincer les raisins secs et le riz dans de l'eau froide. Égoutter.

Hacher la menthe, la mélanger au riz. Saupoudrer de cannelle.

Farcir les feuilles de vigne avec le riz : former des petits paquets et les maintenir avec du fil de coton (ficelle de cuisine) noué autour de chaque paquet.

Verser l'huile dans un fait-tout, ajouter l'oignon râpé. Saupoudrer d'une pincée de sel et de poivre noir et laisser revenir à feu très doux. Dès que l'oignon est ramolli, ajouter 3 verres d'eau et laisser mijoter 10 mn.

Verser les petits paquets de vigne farcis à l'intérieur de la sauce et laisser braiser avec 4 tranches de citron jusqu'à la réduction de la sauce.

Au moment de servir retirer soigneusement les fils de coton.

53. Feuilles de brick farcies aux pommes de terre

15 feuilles de brick
500 g de pommes de terre
150 g de fromage blanc
1 citron
1 petit bouquet de persil
4 cuillerées d'huile
poivre noir
sel

Rincer les pommes de terre et les faire cuire dans de l'eau salée pendant 30 à 40 mn à feu moyen.

Après la cuisson, peler les pommes de terre, puis les écraser à l'aide d'une fourchette. Saupoudrer de poivre noir, ajouter le fromage blanc et le persil finement haché. Mélanger.

Disposer une feuille de brick bien à plat, rabattre deux côtés parallèles. Mettre 1 cuillerée à soupe de pommes de terre à l'une des deux extrémités les plus courtes et rouler la feuille de brick en un cigare.

Procéder ainsi pour toutes les feuilles de brick jusqu'à épuisement de la pomme de terre.

Faire frire ensuite dans de l'huile très chaude.

Servir en arrosant de quelques gouttes de citron.

légumes

54. Fèves tendres, petits pois, artichauts à la coriandre et au riz " Tbikha "

1 kg de fèves tendres ou fraîches
1 kg de petits pois
1 kg d'artichauts
1 cuillerée à soupe de riz
1 piment sec rouge (felfel driss)
10 aulx
1 bouquet de coriandre
1 citron ou du vinaigre
4 cuillerées à soupe d'huile de table
1 petite cuillerée à café de poivre rouge
sel

Nettoyer les fèves tendres en coupant les extrémités du légume.
Conserver la peau lorsque celle-ci est tendre. Si la peau est trop épaisse, retirer la graine et jeter l'écorce. Couper la fève en 2 ou en 3 quartiers. Rincer abondamment.
Précuire les fèves à la vapeur et à couvert pendant 1 h 15 sans omettre de les saler au préalable.
Pendant ce temps, écosser les petits pois, les rincer et les laisser égoutter.
Nettoyer les artichauts, ne conserver que les cœurs. Rincer abondamment et les laisser tremper dans de l'eau vinaigrée jusqu'au moment de les verser dans la sauce.
Verser ensuite l'huile et le poivre dans la marmite.
Rincer et égrener le piment, puis le piler avec le sel.
Ajouter ensuite l'ail et piler de nouveau jusqu'à l'obtention d'une pâte.
Remplir le pilon d'eau, puis mélanger et verser cette préparation dans la marmite avec l'huile et le poivre rouge et laisser mijoter pendant 5 mn.
Verser ensuite dans la marmite les fèves précuites à la vapeur. Laisser mijoter 5 mn.
Puis verser de nouveau les petits pois. Laisser mijoter encore 5 mn.
Verser les cœurs d'artichauts coupés en deux. Couvrir d'eau chaude et laisser mijoter 15 mn.
Parsemer ensuite les légumes de coriandre finement hachée et de riz cru et laisser cuire pendant 20 mn à feu moyen.
Servir avec un filet de citron ou de vinaigre.

55. Fèves tendres à la coriandre " Rouzblatar "

1 kg de fèves tendres
1 piment sec rouge (felfel driss)
10 aulx
1 citron ou du vinaigre
1 bouquet de coriandre
4 cuillerées à soupe d'huile
1/2 cuillerée à café de poivre rouge
1 petite cuillerée à café de sel

Nettoyer les fèves tendres en procédant de la même manière que dans la recette n°54.

Les saler et les précuire à la vapeur et à couvert pendant 1 h 15.
Verser l'huile et le poivre rouge dans une marmite.
Rincer et égrener ensuite le piment, puis le piler avec le sel.
Ajouter l'ail, puis piler de nouveau jusqu'à l'obtention d'une pâte (dersa).
Remplir le pilon d'eau, puis mélanger et verser cette préparation dans la marmite et laisser revenir pendant 5 mn avec l'huile et le poivre.
Verser ensuite les fèves précuites à la vapeur.
Parsemer de coriandre finement hachée et laisser mijoter pendant 20 mn à feu doux.
Servir avec un filet de citron ou de vinaigre.

légumes

56. Fèves sèches aux oignons

300 g de fèves sèches
3 oignons secs
1 piment sec rouge
4 cuillerées à soupe d'huile
1/2 cuillerée à café de poivre rouge
1 pincée de sel

Tremper les fèves sèches dans de l'eau la veille de la préparation de ce plat (14 h de trempage minimum).
Le lendemain, nettoyer les fèves en coupant le hile noir, puis les faire cuire dans de l'eau salée pendant 1 h 30.
Après la cuisson, rincer les fèves dans de l'eau bouillante avant de les verser très rapidement dans la sauce.
Verser l'huile et le poivre rouge dans le fait-tout. Laisser mijoter 5 mn.
Puis verser les fèves rincées très rapidement.
Ajouter les oignons coupés en lamelles et laisser braiser.
Dès que les oignons sont ramollis ajouter 2 verres d'eau chaude et laisser braiser 30 à 40 mn à feu doux.

57. Fèves tendres à la vapeur et au cumin

1 kg de fèves tendres
4 cuillerées à soupe de cumin
4 cuillerées à soupe d'huile d'olive
1 cuillerée à café de sel

Nettoyer et rincer les fèves. Retirer les filaments, puis les couper en petits quartiers en conservant la fève dans l'écorce lorsque celle-ci est tendre.

Disposer les fèves dans un couscoussier.

Saler, saupoudrer de cumin et faire cuire à la vapeur et à couvert pendant 1 h 30 à 1 h 45.

Vérifier l'assaisonnement en sel et la cuisson.

Après la cuisson, disposer les fèves dans un plat creux ou des bols. Arroser d'huile d'olive. Mélanger.

Consommer chaud ou froid.

légumes

58. Gombos aux oignons

500 g de gombos
4 oignons
1 tomate
1 piment sec rouge
4 cuillerées à soupe d'huile de table
1 cuillerée à café de poivre rouge
1/2 cuillerée à café de sel

Laver les gombos en frottant soigneusement la surface du légume avec les mains.
Couper les pédoncules en évitant que le liquide visqueux ne se déverse.
Rincer de nouveau les gombos et les laisser tremper dans de l'eau salée.
Verser l'huile et le poivre rouge dans un fait-tout.
Rincer, égrener et piler le piment avec le sel après obtention d'une pâte (dersa).
Remplir le pilon d'eau, puis mélanger et verser cette préparation dans le fait-tout. Laisser mijoter 10 mn.
Puis verser les oignons coupés en fines lamelles. Faire revenir 15 mn.
Dès que les oignons sont ramollis, rincer les gombos, les égoutter et les disposer dans le fait-tout. Couvrir avec 2 verres d'eau.
Ajouter la tomate coupée en quartiers et laisser mijoter environ 45 mn jusqu'à la réduction de la sauce.
Vérifier l'assaisonnement en sel.

légumes

59. Gombos à l'ail et aux oignons " Mloukhia B'el Toum "

1 kg de gombos
2 pommes de terre
3 oignons
1 piment sec rouge
8 aulx
4 cuillerées à soupe d'huile
1 cuillerée à café de poivre rouge
1/2 cuillerée à café de sel

Nettoyer les gombos puis couper les pédoncules en évitant que le liquide visqueux ne se déverse.

Frotter avec les mains la surface du légume et laisser tremper dans de l'eau salée jusqu'au moment de les verser dans la sauce.

Verser l'huile et le poivre rouge dans un fait-tout.

Rincer, égrener et piler le piment avec le sel.

Ajouter l'ail et piler de nouveau jusqu'à l'obtention d'une pâte (dersa).

Délayer dans un peu d'eau et verser cette préparation dans le fait-tout. Laisser mijoter 5 mn.

Ajouter les pommes de terre nettoyées et coupées en grosses lamelles.

Disposer soigneusement les gombos au-dessus des légumes.

Couvrir d'eau et laisser mijoter 40 à 50 mn jusqu'à la réduction de la sauce.

Vérifier l'assaisonnement en sel.

légumes

60. Haricots blancs à la coriandre " Tbikha Loubia Beœda "

400 g de haricots blancs
8 aulx
1 piment sec rouge
1 bouquet de coriandre
4 cuillerées d'huile de table
vinaigre
1 petite cuillerée de poivre rouge
1 petite cuillerée à café de sel

légumes

Laisser tremper les haricot blancs dans de l'eau la veille de la préparation de ce plat (16 h de trempage minimum).

Le lendemain, précuire les haricots blancs dans de l'eau salée pendant 1 h.

Préparer la sauce en versant l'huile et le poivre rouge dans la marmite. Rincer, égrener et piler le piment avec le sel.

Ajouter ensuite l'ail, piler de nouveau jusqu'à l'obtention d'une pâte (dersa).

Remplir le pilon d'eau, puis mélanger et verser cette préparation dans la marmite avec l'huile et le poivre rouge et faire revenir environ 10 mn.

Verser ensuite les haricots blancs précuits.

Parsemer de coriandre finement hachée et laisser mijoter environ 20 mn à feu doux.

Servir avec un filet de vinaigre.

61. Haricots rouges
à la coriandre et à la menthe

1 kg de haricots rouges à écosser
1 courgette ou 1 aubergine
1 piment sec rouge
8 aulx
1 cuillerée à soupe de riz
1 bouquet de coriandre
1 petit bouquet de menthe
4 cuillerées à soupe d'huile
1 cuillerée à café de poivre rouge
1/2 cuillerée à café de sel

Écosser les haricots rouges et les rincer.
Verser l'huile et le poivre rouge dans un fait-tout.
Rincer, égrener et piler le piment sec rouge avec le sel.
Ajouter l'ail et piler de nouveau jusqu'à l'obtention d'une pâte (dersa).
Délayer dans un peu d'eau et verser dans le fait-tout. Faire revenir 5 mn.
Ajouter les haricots rouges.
Parsemer de coriandre et de menthe finement hachées. Laisser mijoter 10 mn.
Ajouter la courgette ou l'aubergine nettoyée et coupée en petits dés.
Couvrir d'un peu d'eau chaude et laisser mijoter 15 mn.
Verser le riz cru en pluie. Faire mijoter encore 20 mn jusqu'à réduction de la sauce.

légumes

62. Haricots rouges secs aux tomates et aux oignons

300 g de haricots rouges secs
2 oignons
2 tomates
4 cuillerées à soupe d'huile
vinaigre
1 cuillerée à café de poivre rouge
1 pincée de poivre noir
1 pincée de sel

Tremper les haricots la veille de la préparation de ce plat (14 h de trempage minimum).

Le lendemain, rincer les haricots et les précuire dans de l'eau avec un peu de sel pendant 1 h 30 (contrôler le temps de cuisson en vérifiant si le légume est cuit ; le temps de cuisson peut varier en fonction de la qualité du légume sec).

Verser l'huile, les épices, le sel dans un fait-tout.

Ajouter 1 tomate et 1 oignon hachés et faire revenir à feu doux 10 mn.

Verser les haricots avec l'eau de précuisson dans le fait-tout. Laisser mijoter 20 mn.

Ajouter la deuxième tomate, pelée, égrenée et mixée. Laisser mijoter 5 mn.

Puis disposer par-dessus le second oignon coupé en fines lamelles. Laisser braiser 15 mn.

Servir avec un filet de vinaigre.

63. Haricots verts à la coriandre " Roz Blatar "

1 kg de haricots verts
1 piment sec rouge
8 aulx
1 bouquet de coriandre
1 cuillerée à soupe de farine
4 cuillerées à soupe d'huile
vinaigre
1 cuillerée à café de poivre rouge
1/2 cuillerée à café de sel

Nettoyer les haricots verts, les couper en deux ou trois morceaux et précuire pendant 30 mn dans de l'eau salée.
Laisser égoutter.
Verser l'huile et le poivre rouge dans un fait-tout.
Rincer, égrener et piler le piment avec le sel.
Ajouter l'ail et piler de nouveau jusqu'à l'obtention d'une pâte (dersa).
Délayer dans un peu d'eau et verser cette préparation dans le fait-tout. Laisser mijoter 5 mn.
Verser les haricots verts dans la sauce. Parsemer de coriandre hachée et laisser braiser 20 mn à feu doux.
Vérifier l'eau et ajouter un peu d'eau chaude si nécessaire.
Après la cuisson, délayer la farine avec un peu de vinaigre.
Verser au-dessus des légumes et laisser encore mijoter 15 mn.

légumes

64. Haricots verts aux courgettes et au riz " Tbikhaloubia "

1 kg de haricots verts
2 courgettes
1 cuillerée à soupe de riz
1 piment sec rouge
8 aulx
1 bouquet de coriandre
4 cuillerées à soupe d'huile
1 cuillerée à café de poivre rouge
1/2 cuillerée à café de sel

Nettoyer les haricots verts et les couper en deux ou trois morceaux.
Les précuire pendant 30 mn dans de l'eau salée.
Laisser égoutter.
Verser l'huile et le poivre rouge dans un fait-tout.
Rincer, égrener et piler le piment sec rouge avec le sel.
Ajouter l'ail et piler de nouveau jusqu'à l'obtention d'une pâte (dersa).
Délayer dans un peu d'eau et verser cette préparation dans le fait-tout. Laisser mijoter 10 mn.
Verser ensuite les haricots.
Parsemer de coriandre hachée.
Ajouter les courgettes nettoyées et coupées en petits dés.
Couvrir d'eau chaude et laisser braiser 30 à 40 mn avec le riz à feu doux jusqu'à la réduction de la sauce.

65. Haricots verts au carvi

500 g de haricots verts
1 piment sec rouge (felfel driss)
8 aulx
1 cuillerée à café de carvi
3 cuillerées à soupe d'huile de table
vinaigre
1 cuillerée à café de poivre rouge
1 petite cuillerée à café de sel

Nettoyer les haricots verts. Enlever les extrémités et couper le légume en deux.
Saler et faire cuire à la vapeur et à couvert pendant 45 mn.
Verser l'huile et le poivre rouge dans une marmite.
Rincer, égrener et piler le piment avec le sel et le carvi.
Ajouter ensuite l'ail, piler de nouveau jusqu'à l'obtention d'une pâte (dersa).
Remplir le pilon d'eau, puis mélanger et verser cette sauce dans la marmite. Faire revenir 5 mn.
Puis verser les haricots verts précuits et laisser mijoter 15 mn.
Servir avec un filet de vinaigre.

66. Légumes farcis au riz et à la menthe

3 poivrons
4 tomates
2 oignons secs
1 verre de riz
1 bouquet de menthe
4 cuillerées à soupe d'huile
poivre noir
sel

légumes

Rincer les poivrons. Couper les pédoncules, les égrener et les laisser entiers. Conserver les pédoncules.

Rincer les tomates. Couper les pédoncules, les vider sans les perforer, retirer les graines et la pulpe. Saler l'intérieur et les disposer retournées sur une assiette. Conserver la pulpe et les petits chapeaux (pédoncules).

Verser l'huile dans un fait-tout.

Ajouter un oignon râpé.

Saler, poivrer et laisser revenir à feu très doux quelques minutes.

Dès que l'oignon est ramolli, verser 3 verres d'eau et laisser mijoter.

Préparer la farce.

Rincer le riz, l'égoutter.

Hacher les pulpes de tomates avec la menthe et le second oignon, mélanger au riz. Saler, poivrer.

Farcir les tomates et les poivrons, remettre les pédoncules.

Disposer ensuite les tomates et les poivrons délicatement dans la sauce.

Couvrir d'eau si la sauce est trop réduite et laisser mijoter 30 à 45 mn à feu moyen, jusqu'à la réduction de la sauce.

67. Légumes frits vinaigrés

500 g de courgettes
8 poivrons
6 pommes de terre
3 oignons secs
huile
2 cuillerées à soupe de vinaigre
poivre noir
sel

Nettoyer les courgettes en grattant légèrement la surface du légume. Les couper en grosses rondelles.
Les saler et les faire frire dans de l'huile très chaude. Les disposer dans un plat creux.
Frire les poivrons. Les peler, couper les pédoncules, les égrener et les couper en lamelles.
Recouvrir les courgettes de poivrons.
Éplucher, rincer les pommes de terre. Les couper en grosses tranches. Les saler.
Changer l'huile de friture pour les pommes de terre et les faire frire dans l'huile chaude à feu moyen et à couvert.
Couper les oignons en fines lamelles. Saler, poivrer et faire revenir dans un peu d'huile de friture.
Dès que les oignons sont ramollis, ajouter un peu d'eau et laisser mijoter jusqu'à la réduction de la sauce et réapparition de l'huile de cuisson.
Ajouter 2 cuillerées à soupe de vinaigre, puis couvrir tous les légumes frits avec les oignons.
Servir chaud ou froid.

légumes

68. Menthe pouliot aux œufs " Fliou aux œufs – Taklia "

2 bouquets de menthe pouliot
1 piment sec rouge (felfel driss)
3 œufs
4 cuillerées à soupe d'huile
3 petites cuillerées à café de poivre rouge
sel

Bien nettoyer la menthe pouliot. Jeter les tiges et ne garder que les feuilles. Les rincer abondamment.

Préparer la sauce en versant l'huile et le poivre rouge dans la marmite. Rincer et égrener le piment, puis le piler avec du sel.

Ajouter ensuite l'ail, puis piler de nouveau.

Remplir le pilon d'eau, puis mélanger et verser cette préparation avec l'huile et le poivre dans la marmite. Faire revenir cette sauce pendant 5 mn à feu doux.

Puis y verser les feuilles de menthe pouliot et laisser mijoter environ 15 mn à feu doux.

Battre ensuite les œufs entiers et verser dans le plat. Laisser encore mijoter 5 mn.

légumes

69. Navets à la cannelle

weisse Rübe

        1 kg de navets
        1 poignée de pois chiches
        1 citron
        2 œufs
        1 oignon
        1 cuillerée à café de cannelle
        4 cuillerées à soupe d'huile de table
        1/2 cuillerée à café de sel

Tremper les pois chiches dans une casserole d'eau la veille de la préparation de ce plat (14 h de trempage minimum).
Le lendemain, précuire les pois chiches pendant 30 mn dans de l'eau salée.
Nettoyer, éplucher les navets. Les couper en deux ou en quatre s'ils sont gros et les tremper dans une casserole d'eau.
Faire revenir à feu très doux l'huile, l'oignon râpé, le sel et la cannelle dans le fait-tout pendant 6 mn.
Verser ensuite 3 verres d'eau et laisser mijoter à feu doux.
À ébullition, verser les pois chiches. Laisser mijoter 10 mn, toujours à feu doux.
Puis y verser les navets. Couvrir d'eau et laisser mijoter pendant 30 mn à feu doux.
Après la cuisson, verser au-dessus de la préparation les œufs battus avec le citron et 1 cuillerée à soupe de la sauce. Laisser mijoter 2 mn puis éteindre le feu.
Servir en saupoudrant les navets avec une pincée de cannelle et un filet de citron.

70. Olives vertes braisées

500 g d'olives vertes dénoyautées
6 aulx
1 piment sec rouge
1/2 citron
1 petit bouquet de persil
3 cuillerées à soupe d'huile

Rincer les olives et les ébouillanter pendant 10 mn. Les laisser égoutter. Verser ensuite l'huile dans un fait-tout.
Rincer et égrener le piment et le piler avec l'ail jusqu'à l'obtention d'une pâte (dersa).
Délayer dans un peu d'eau, puis verser cette préparation dans le fait-tout. Faire revenir 5 mn.
Ajouter les olives. Couvrir avec un peu d'eau et laisser mijoter 20 mn.
Après la cuisson, presser le jus du citron dans le fait-tout.
Parsemer de persil finement haché.
Servir froid.

71. Piments à la tomate " Chtitha Hara "

7 piments verts
2 tomates
3 cuillerées à soupe d'huile d'olive
1 pincée de sel

Faire griller les piments à feu doux, puis les peler à l'aide d'un couteau en évitant d'utiliser de l'eau, ce qui altérerait le goût de la salade.
Griller également les tomates, les peler et les égrener.
Couper les piments et les tomates en petits morceaux, puis les passer à la moulinette.
Verser cette préparation dans un plat. Saler et arroser avec l'huile d'olive.
Consommer chaud ou froid.

légumes

72. Petits paquets de chou farci au riz et au persil

1 chou
1 verre de riz
2 oignons secs
1 bouquet de persil
4 cuillerées à soupe d'huile
poivre
sel

légumes

Trier les feuilles de chou, les blanchir quelques minutes à l'eau bouillante salée, égoutter.

Verser l'huile dans un fait-tout.

Ajouter 1 oignon râpé. Saler, poivrer et faire revenir à feu très doux. Dès que l'oignon est ramolli, ajouter 3 verres d'eau et laisser mijoter.

Rincer le riz, laisser égoutter.

Hacher l'autre oignon avec le persil et mélanger au riz. Saler, poivrer.

Disposer les feuilles de chou bien à plat. Couper la nervure principale de la feuille.

Mettre au milieu de chaque feuille 1 cuillerée à soupe de riz farci, puis rouler la feuille de chou de façon à former un petit paquet.

Maintenir chaque petit paquet de chou avec un fil de coton (ficelle de cuisine) noué autour.

Disposer dans la sauce et couvrir d'eau si la sauce est trop réduite.

Laisser mijoter 20 à 30 mn jusqu'à réduction de la sauce.

Au moment de servir, retirer délicatement les fils de maintien.

73. Petits plombs aux navets " M'hamsa B'l left "

1 kg de navets
1 petit bol de petits plombs
1 gros oignon
4 cuillerées à soupe d'huile de table
1 pincée de poivre noir
1 petite cuillerée à café de sel

Verser l'huile, le poivre, le sel dans la marmite.
Râper l'oignon et faire revenir à feu très doux 3 ou 4 mn.
Nettoyer les navets, les couper en quartiers.
Les verser dans la marmite et couvrir de 1,5 l d'eau. Laisser mijoter environ 15 mn.
Verser ensuite les petits plombs et laisser mijoter environ 20 mn.
Surveiller le niveau d'eau et vérifier l'assaisonnement en sel.

légumes

74. Petits plombs à la menthe pouliot et à la coriandre

1 petit bol de petits plombs
5 aulx
1 bouquet de menthe pouliot
1 bouquet de coriandre
1 cuillerée à café de cumin
1 cuillerée à café de concentré de tomates
4 cuillerées à soupe d'huile
1 cuillerée à café de poivre rouge
sel

Effeuiller et rincer les feuilles de menthe, les laisser égoutter.
Verser l'huile dans un fait-tout.
Ajouter l'ail pilé, la menthe et la coriandre hachées, les épices et le sel, puis verser le concentré de tomates dilué dans un peu d'eau. Laisser mijoter 15 à 20 mn à feu doux.
Verser 1,5 l d'eau. À ébullition, vérifier l'assaisonnement en sel.
Puis verser en pluie les petits plombs. Laisser cuire 20 mn jusqu'à réduction de la sauce.

75. Petits plombs à la tomate

1 petit bol de petits plombs
4 tomates
1 piment sec rouge
6 aulx
1 cuillerée à café de concentré de tomates
4 cuillerées à soupe d'huile
beurre
1 pincée de poivre noir
1/2 cuillerée à café de sel

Faire revenir dans l'huile les tomates pelées, égrenées et hachées, le sel, le poivre et le piment pilé avec l'ail.
Ajouter le concentré de tomates dilué dans un peu d'eau et laisser braiser 15 mn.
Ajouter 1 l d'eau. À ébullition, vérifier l'assaisonnement en sel.
Verser alors les plombs. Laisser mijoter 20 mn, jusqu'à l'absorption de la sauce.
Au moment de servir, ajouter une noix de beurre.

légumes

76. Petits plombs aux fèves tendres " M'hamsa B'l Foul "

1 petit bol de petits plombs
1 kg de fèves
1 gros oignon
4 cuillerées à soupe d'huile de table
1 pincée de poivre noir
1 petite cuillerée à café de sel

Nettoyer les fèves en ne conservant que les graines. Les rincer et les laisser égoutter.
Verser l'huile, le sel, le poivre noir dans la marmite.
Râper l'oignon par-dessus et laisser revenir 2 à 3 mn à feu très doux.
Verser ensuite les fèves. Couvrir d'eau et laisser cuire environ 30 mn.
Vérifier l'assaisonnement en sel.
Ajouter 1 l d'eau chaude puis y verser les petits plombs. Laisser mijoter 20 mn.
Vérifier le niveau d'eau et l'assaisonnement en sel.

77. Petits pois et pommes de terre à la sauce piquante

1 kg de petits pois à écosser
3 pommes de terre
1 piment sec rouge
8 aulx
1 bouquet de coriandre
1 petit bouquet de menthe
4 cuillerées à soupe d'huile
1 cuillerée à café de poivre rouge
1/2 cuillerée à café de sel

Écosser les petits pois, les rincer, les laisser égoutter.
Verser l'huile et le poivre rouge dans un fait-tout.
Rincer, égrener et piler le piment sec rouge avec le sel.
Ajouter l'ail et piler de nouveau jusqu'à l'obtention d'une pâte (dersa).
Remplir le pilon d'eau, puis délayer et verser cette préparation dans le fait-tout. Laisser revenir 10 mn.
Mettre ensuite les petits pois. Couvrir d'eau et laisser mijoter 20 mn.
Ajouter les pommes de terre nettoyées et coupées en cubes.
Vérifier le niveau de la sauce. Ajouter de l'eau chaude si nécessaire pour couvrir les pommes de terre. Laisser mijoter encore 20 à 30 mn.
À ébullition, vérifier l'assaisonnement en sel.
Parsemer de coriandre et de menthe finement hachées.
Laisser braiser 15 mn.

légumes

78. Petits pois au citron

1 kg de petits pois à écosser
1 citron
1 œuf
1 gros oignon sec
4 cuillerées à soupe d'huile
1 bouquet de persil
1/2 cuillerée à café de cannelle
1 pincée de poivre noir
1/2 cuillerée à café de sel

Verser l'huile dans une marmite.
Ajouter l'oignon finement haché, le sel et le poivre, et faire revenir quelques minutes à feu très doux.
Lorsque l'oignon est ramolli, verser 3 verres d'eau.
À ébullition, verser les petits pois écossés et rincés. Saupoudrer de cannelle et laisser mijoter environ 40 mn jusqu'à la réduction de la sauce.
Battre l'œuf avec le persil finement haché, 2 cuillerées à soupe de la sauce et le jus du citron.
Verser ensuite cette préparation sur les petits pois. Laisser mijoter 2 à 3 mn.

79. Pois chiches aux 12 épices " Doubara "

500 g de pois chiches
2 tomates mûres
8 aulx
1 piment sec rouge
1 cuillerée à café " 12 épices " (ras el hanout)
2 cuillerées à soupe d'huile d'olive
1 pincée de sel

Tremper les pois chiches la veille de la préparation de ce plat (14 h de trempage minimum).
Le lendemain, les faire cuire dans 1, 5 l d'eau pendant 40 à 60 mn.
À mi-cuisson, saler.
Rincer, égrener et piler le piment sec rouge avec le sel et le "12 épices".
Ajouter l'ail et piler de nouveau jusqu'à l'obtention d'une pâte (dersa).
Peler les tomates, les épépiner, puis les mixer.
Après la cuisson des pois chiches, retirer 2 louches de pois chiches et de bouillon et les mixer.
Mélanger les tomates et les pois chiches mixés à la dersa. Ajouter de l'huile d'olive.
Servir les pois chiches recouverts de la sauce.

80. Poivrons au coulis de tomates " Mazian saadou "

10 poivrons
6 tomates bien mûres
1 piment sec rouge
8 aulx
1 cuillerée à café de cumin
4 cuillerées à soupe d'huile
2 cuillerées à soupe de vinaigre
1/2 cuillerée à café de poivre rouge
1/2 cuillerée à café de sel

Faire frire les poivrons dans de l'huile très chaude.
Les peler, enlever les pédoncules, les égrener, les couper en lamelles et les disposer dans un plat.
Verser l'huile et le poivre dans un fait-tout.
Rincer, égrener et piler le piment sec rouge avec le sel et le cumin.
Ajouter l'ail et piler de nouveau jusqu'à l'obtention d'une pâte.
Remplir le pilon d'eau, puis délayer et verser cette préparation dans le fait-tout. Faire revenir 10 mn.
Verser les tomates pelées, épépinées et coupées en petits quartiers.
Laisser mijoter à feu doux 20 mn.
Passer la sauce à la moulinette pour obtenir un coulis de tomates.
Ajouter le vinaigre.
Verser ce coulis sur les poivrons.
Consommer froid.

légumes

81. Pommes de terre aux œufs et au persil

500 g de pommes de terre
2 œufs
1 citron
2 oignons verts
1/2 cuillerée à café de cannelle
1 bouquet de persil
4 cuillerées à soupe d'huile
1/2 cuillerée à café de poivre noir en grains
1/2 cuillerée à café de sel

Verser l'huile dans un fait-tout.
Ajouter le sel, le poivre noir, les oignons finement hachés et faire revenir à feu doux.
Dès que les oignons sont ramollis, ajouter 2 verres d'eau.
À ébullition, verser les pommes de terre nettoyées et coupées en grosses rondelles. Ajouter un peu d'eau froide pour les couvrir si c'est nécessaire. Saupoudrer de cannelle et laisser braiser à feu doux 30 à 40 mn jusqu'à la réduction de la sauce.
2 mn avant la fin de la cuisson, battre les œufs avec le jus du citron, le persil finement haché et 2 cuillerées à soupe de la sauce du plat.
Verser cette préparation sur les pommes de terre.

légumes

82. Pommes de terre aux oignons

500 g de pommes de terre
2 oignons secs
1 piment sec rouge
4 cuillerées à soupe d'huile
1 cuillerée à café de poivre rouge
1/2 cuillerée à café de sel

Verser l'huile et le poivre rouge dans un fait-tout.

Rincer, égrener et piler le piment avec le sel jusqu'à l'obtention d'une pâte.

Délayer dans un peu d'eau et verser cette préparation dans le fait-tout. Laisser braiser à feu doux 10 mn.

Ajouter 3 verres d'eau.

À ébullition, verser les pommes de terre et les oignons coupés en rondelles, et laisser mijoter 30 à 40 mn jusqu'à la réduction de la sauce.

Vérifier l'assaisonnement en sel.

83. Pommes de terre aux olives noires et aux poivrons doux

500 g de pommes de terre
200 g d'olives noires
8 poivrons verts doux
1 piment sec rouge
8 aulx
2 œufs
4 cuillerées à soupe d'huile
1 cuillerée à soupe de vinaigre
1/2 cuillerée à café de poivre rouge
1/2 cuillerée à café de sel

Griller les poivrons. Les peler, couper les pédoncules, les égrener et les couper en lamelles.

Rincer les olives, ne pas les dénoyauter. Les faire blanchir 10 mn dans de l'eau bouillante.

Verser l'huile et le poivre rouge dans un fait-tout.

Rincer, égrener et piler le piment sec rouge avec le sel.

Ajouter l'ail et piler de nouveau jusqu'à l'obtention d'une pâte (dersa). Délayer dans un peu d'eau, puis verser cette préparation dans le fait-tout. Laisser revenir 5 mn.

Ajouter les pommes de terre crues, nettoyées et coupées en gros cubes. Verser par-dessus les olives. Disposer enfin les lamelles de poivrons. Couvrir d'eau et laisser mijoter 40 mn jusqu'à la réduction de la sauce.

Après la cuisson, battre les œufs avec le vinaigre.

Verser cette préparation sur le plat. Laisser mijoter 2 mn à couvert et éteindre le feu.

légumes

93

84. Pommes de terre et cœurs d'artichauts au cumin
" Chtitha Batata Karnoun "

4 grosses pommes de terre
5 artichauts
1 piment sec rouge (felfel driss)
7 aulx
1 citron
1 cuillerée à café de cumin
4 cuillerées à soupe d'huile
vinaigre
1 cuillerée à café de poivre rouge
1 cuillerée à café de sel de cuisine

Si les artichauts sont tendres, il faudra précuire les pommes de terre 15 mn dans la sauce et verser ensuite les cœurs d'artichauts.
Au contraire, s'ils sont durs, ils devront cuire en même temps que les pommes de terre.

Nettoyer les artichauts, n'en garder que les cœurs et les tremper dans de l'eau vinaigrée.
Verser l'huile et le poivre rouge dans la marmite.
Rincer et égrener le piment sec rouge, puis le piler avec le sel et le cumin.
Ajouter ensuite l'ail, puis piler de nouveau jusqu'à l'obtention d'une pâte (dersa).
Remplir le pilon d'eau, puis mélanger et verser cette préparation dans la marmite avec l'huile et le poivre rouge. Laisser revenir pendant 10 mn.
Éplucher les pommes de terre, les rincer, puis les couper en grosses rondelles.
Verser les pommes de terre dans la sauce, puis les cœurs d'artichauts rincés, égouttés et coupés en quatre au préalable. Couvrir d'eau et laisser mijoter à feu moyen pendant 30 à 40 mn.
Servir avec un filet de citron.

85. Pommes de terre douces au cumin
" Chtitha Batata Haloua "

1 kg de pommes de terre douces
6 aulx
1 piment sec rouge (felfel driss)
1 cuillerée à café de cumin
4 cuillerées à soupe d'huile de table
1 cuillerée à café de poivre rouge

Verser l'huile et le poivre dans une marmite.

Rincer et égrener le piment, puis le piler avec le cumin.

Ajouter ensuite l'ail, puis piler de nouveau jusqu'à l'obtention d'une pâte (dersa).

Remplir le pilon d'eau, puis mélanger et verser cette sauce dans la marmite et faire revenir avec l'huile et le poivre pendant 5 mn à feu doux.

Nettoyer pendant ce temps les pommes de terre douces, les éplucher et les couper en rondelles épaisses de 3 cm.

Les verser dans la sauce. Couvrir d'eau si nécessaire et laisser mijoter pendant 25 mn à feu moyen.

légumes

86. Pommes de terre au carvi

1 kg de pommes de terre
1 piment sec rouge (felfel driss)
6 aulx
1 cuillerée à café de carvi
3 cuillerées à soupe d'huile
vinaigre
1 cuillerée à café de poivre rouge
1 petite cuillerée à café de sel

légumes

Éplucher les pommes de terre. Les rincer, puis les couper en grosses rondelles et les faire frire dans l'huile à feu doux (couvrir pendant la cuisson).
Verser l'huile et le poivre rouge dans la marmite.
Rincer, égrener et piler le piment sec rouge avec le sel et le carvi.
Ajouter ensuite l'ail et piler de nouveau jusqu'à l'obtention d'une pâte (dersa).
Remplir le pilon d'eau, puis mélanger et verser cette préparation dans la marmite avec l'huile et le poivre et laisser mijoter 5 mn.
Mettre ensuite dans cette sauce les pommes de terre frites et laisser mijoter 15 mn à feu moyen.
Servir avec un filet de vinaigre.

87. Pommes de terre aux poivrons doux " Batata Felfel Torchi "

4 pommes de terre
5 poivrons doux
1 piment sec rouge (felfel driss)
8 aulx
4 cuillerées à soupe d'huile
1 cuillerée à café de poivre rouge
1 petite cuillerée à café de sel

Rincer les poivrons doux, les égrener, puis les couper en petits carrés et laisser égoutter.
Verser ensuite l'huile et le poivre dans une marmite.
Rincer et égrener le piment, puis le piler avec le sel.
Ajouter ensuite l'ail et piler de nouveau jusqu'à l'obtention d'une pâte (dersa).
Remplir le pilon d'eau, puis mélanger et verser cette sauce dans la marmite avec l'huile et le poivre rouge. Faire revenir pendant 5 mn.
Verser ensuite les poivrons coupés en carrés dans la sauce et porter à ébullition.
Verser ensuite les pommes de terre crues, épluchées, rincées et coupées en gros cubes. Laisser ensuite mijoter pendant 30 mn à feu moyen.

légumes

88. Pommes de terre à la menthe pouliot " Batata Fliou "

1 kg de pommes de terre
10 aulx
1 piment sec rouge (felfel driss)
1 bouquet de menthe pouliot
4 cuillerées à soupe d'huile de table
1 cuillerée à café de poivre rouge
1 petite cuillerée à café de sel

Nettoyer le bouquet de menthe pouliot, jeter les tiges, ne conserver que les feuilles. Rincer abondamment et laisser égoutter.

Verser l'huile et le poivre rouge dans la marmite.

Ajouter ensuite 7 aulx, puis piler de nouveau jusqu'à l'obtention d'une pâte (dersa).

Remplir le pilon d'eau, puis mélanger et verser cette préparation dans la marmite avec l'huile et le poivre.

Ajouter quelques feuilles de menthe pouliot (1/3 environ) et le reste des aulx et faire revenir à feu doux pendant 5 mn.

Pendant ce temps, nettoyer et éplucher les pommes de terre, les rincer, puis les couper en grosses rondelles dans la marmite. Couvrir d'eau, puis laisser mijoter pendant 20 mn.

Verser ensuite le reste des feuilles de menthe pouliot et laisser mijoter environ 15 mn.

légumes

89. Ratatouille de légumes "Khalouta"

2 courgettes
2 pommes de terre
4 gombos
1 aubergine
100 g de fèves séchées
1 tomate mûre
1 piment sec rouge
8 aulx
4 cuillerées à soupe d'huile
1 cuillerée à café de poivre rouge
sel

Tremper les fèves séchées dans de l'eau la veille (16 h de trempage minimum).
Le lendemain, nettoyer les fèves en coupant le hile noir et les précuire pendant 1 h 30 à feu moyen dans de l'eau salée.
Retirer du feu, puis verser les fèves dans une passoire et les rincer dans de l'eau bouillante avant de les verser dans la sauce chaude.
Éplucher les pommes de terre et nettoyer les courgettes en grattant légèrement la surface du légume et laisser tremper dans de l'eau avant de les verser dans la sauce.
Éplucher l'aubergine et la laisser tremper dans de l'eau vinaigrée avant de la verser dans la sauce.
Nettoyer les gombos en coupant les pédoncules et en évitant que le liquide visqueux ne se déverse. Laisser tremper dans de l'eau vinaigrée.
Rincer, égrener et piler le piment sec rouge avec un peu de sel.
Ajouter l'ail et piler de nouveau jusqu'à l'obtention d'une pâte (dersa). Délayer cette préparation dans de l'eau.
Verser l'huile et le poivre rouge dans un fait-tout et ajouter la dersa. Laisser mijoter 5 mn.
Puis verser les fèves dans la sauce très rapidement. Ajouter les pommes de terre, les aubergines, les courgettes coupées en quartiers et les gombos entiers.
Hacher la tomate sur les légumes, couvrir d'eau chaude et laisser mijoter 40 à 50 mn à feu moyen jusqu'à la réduction de la sauce.

90. Scolyme d'Espagne à la coriandre " Tbikha Guernina "

300 g de scolyme d'Espagne
100 g de fèves séchées
2 navets
2 pommes de terre
2 feuilles de chou
2 tiges de cardes
1 cuillerée à soupe de riz
1 citron
1 piment sec rouge
1 tête d'ail
1 bouquet de coriandre
4 cuillerées à soupe d'huile
1 cuillerée à café de poivre rouge
1/2 cuillerée à café de sel

Tremper les fèves dans de l'eau la veille (16 h de trempage minimum).
Nettoyer le scolyme en coupant le bulbe. Retirer les épines et les filaments.
Rincer les tiges, les couper en quartiers. Faire blanchir dans de l'eau bouillante salée pendant 10 mn.
Couper le hile noir des fèves et les précuire dans de l'eau bouillante salée pendant 1 h 30 ; puis les verser rapidement dans la sauce chaude.
Nettoyer les tiges des cardes en retirant les filaments à l'aide d'un couteau, les couper en quartiers et les précuire dans de l'eau salée avec 2 tranches de citron pendant 30 mn.
Verser l'huile et le poivre rouge dans un fait-tout.
Rincer, égrener et piler le piment sec rouge avec le sel.
Ajouter l'ail et piler de nouveau jusqu'à l'obtention d'une pâte (dersa).
Délayer dans un peu d'eau et verser cette préparation dans le fait-tout.
Parsemer d'une poignée de coriandre hachée et laisser revenir 5 mn.
Verser les fèves. Ajouter les pommes de terre, les navets crus, nettoyés, égouttés et coupés en quartiers, et les cardes précuites.
Disposer ensuite le scolyme sur les légumes. Couvrir avec un peu d'eau chaude et laisser braiser 10 mn.
Ajouter les feuilles de chou coupées en carrés et le reste de coriandre hachée.
Verser le riz en pluie et laisser mijoter encore 20 à 30 mn.

91. Tomates et oignons aux œufs " Tchektchouka "

5 tomates bien mûres
3 gros oignons secs
3 œufs
2 poivrons doux (facultatif)
1 cuillerée à café de " 12 épices " (ras el hanout)
4 cuillerées à soupe d'huile
1 pincée de poivre noir
1 cuillerée à café de sel

Verser l'huile et les épices dans un fait-tout.
Nettoyer les oignons, les couper en fines lamelles et les faire revenir à feu très doux quelques minutes.
Dès que les oignons sont ramollis, ajouter les tomates pelées, égrenées et coupées en quartiers. Laisser mijoter 30 à 35 mn.
5 mn avant la fin de la cuisson verser au-dessus des légumes les œufs battus.

On peut préparer ce plat en ajoutant 2 poivrons doux coupés en petits carrés en même temps que les tomates.

légumes

92. Tomates au laurier et aux œufs

3 grosses tomates mûres
2 œufs
10 aulx
7 feuilles de laurier
1 cuillerée à soupe d'huile
1 pincée de poivre noir ou quelques grains de poivre noir
1 petite cuillerée à café de sel

Verser l'huile dans une grande poêle.
Couper ensuite les tomates en grosses rondelles et les disposer dans la poêle.
Ajouter le sel, le poivre, l'ail, le laurier, 2 verres d'eau. Couvrir et laisser mijoter pendant 45 mn à feu doux.
Casser ensuite les œufs sur cette préparation et laisser mijoter pendant 7 mn.
Servir chaud ou froid.

93. Topinambours au beurre

500 g de topinambours
50 g de beurre
sel

Laver les topinambours.
Les éplucher et les faire cuire à feu doux dans de l'eau salée pendant 25 à 30 mn.
Après la cuisson, écraser les topinambours à l'aide d'une fourchette.
Saler et faire fondre le beurre à l'intérieur à l'aide d'une fourchette en bois.
Mélanger et servir.

légumes

94. Topinambours à la cannelle et aux oignons

1 kg de topinambours
2 oignons secs
1 piment vert (facultatif)
1 cuillerée à café de cannelle
4 cuillerées à soupe d'huile
1 pincée de poivre noir
1/2 cuillerée à café de sel

Laver les topinambours. Les éplucher et les faire cuire dans de l'eau pendant 15 à 20 mn à feu doux.
Verser l'huile, le sel, le poivre noir dans un fait-tout.
Ajouter les oignons nettoyés et coupés en fines lamelles et les faire revenir à feu doux.
Dès que les oignons sont ramollis, ajouter 2 verres d'eau (40 cl).
À ébullition et réduction de la sauce, verser les topinambours coupés en tranches.
Saupoudrer de cannelle et laisser braiser à feu très doux 15 mn.

Le plat est servi avec un morceau de piment vert pour les amateurs.
On peut l'ajouter à la sauce durant les 15 dernières minutes de cuisson.
Le retirer ensuite, le couper en morceaux.

légumes

95. Topinambours au cumin
" Chtitha terfes "

1 kg de topinambours
2 oignons secs
8 aulx
1 piment vert (facultatif)
1 cuillerée à café de cumin
4 cuillerées à soupe d'huile
1 pincée de poivre noir
1/2 cuillerée à café de sel

Verser l'huile et le poivre dans la marmite.

Rincer et égrener le piment rouge, puis le piler avec le sel et le cumin.

Ajouter ensuite 6 aulx, puis piler de nouveau jusqu'à l'obtention d'une pâte (dersa).

Remplir le pilon d'eau, puis mélanger et verser cette sauce dans la marmite et laisser mijoter pendant 10 mn à feu doux avec l'huile, le poivre et le reste des aulx.

Verser ensuite dans la marmite les topinambours préalablement lavés, épluchés et coupés en rondelles de 1 cm d'épaisseur. Laisser mijoter pendant 20 à 30 mn à feu doux.

96. Topinambours aux fèves sèches et à la coriandre "Tbikha terfes bel foul yabes"

1 kg de topinambours
1 poignée de fèves séchées (environ 200 g)
1 cuillerée à soupe de riz
1 citron
10 aulx
1 bouquet de coriandre
4 cuillerées à soupe d'huile
1 cuillerée à café de poivre rouge (felfel driss)
1 petite cuillerée à café de sel

Tremper les fèves sèches dans de l'eau la veille de la préparation de ce plat (16 h de trempage).

Le lendemain, nettoyer les fèves mouillées en coupant le hile noir, puis précuire pendant 1 h 30 dans de l'eau salée.

Nettoyer également les topinambours. Les couper en rondelles de 1 cm d'épaisseur et les laisser tremper dans de l'eau froide au début de la préparation, jusqu'au moment de les verser dans la sauce.

Verser l'huile et le poivre dans un fait-tout.

Rincer et égrener le piment, puis le piler avec le sel.

Incorporer ensuite l'ail, puis piler de nouveau jusqu'à l'obtention d'une pâte (dersa).

Remplir le pilon d'eau, puis mélanger et verser cette préparation dans la marmite et laisser revenir à feu doux pendant 5 mn.

Retirer les fèves, les mettre dans une passoire et les rincer à l'eau très chaude, puis les verser rapidement dans la sauce chaude.

Ajouter ensuite les rondelles de topinambours. Couvrir d'eau chaude et laisser mijoter 5 mn à feu doux.

Parsemer ensuite de coriandre finement hachée et de riz, puis laisser mijoter à feu doux pendant 20 mn.

97. Salade d'aubergines aux poivrons verts

4 aubergines
5 poivrons doux
6 aulx
persil (facultatif)
1 cuillerée à soupe d'huile de table
3 cuillerées à soupe d'huile d'olive
1 cuillerée à soupe de vinaigre
1/2 cuillerée à café de sel

Faire griller les aubergines à feu doux, puis les peler, les égrener et les couper en petits carrés.

Faire griller également les poivrons doux, les peler, les égrener et les couper en petits carrés.

Faire revenir ensuite les aubergines et les poivrons coupés pendant 10 mn à feu doux et à couvert dans une poêle avec l'huile de table, le sel et l'ail finement haché ou pilé.

Retirer ensuite cette préparation, la verser dans une assiette.

Arroser avec l'huile d'olive et le vinaigre.

On peut servir cette salade en la parsemant de persil finement haché.

salades

98. Salade d'aubergines à l'ail et au persil

1 kg d'aubergines
8 aulx
1 bouquet de persil
1 cuillerée à soupe d'huile d'olive
1 cuillerée à soupe de vinaigre
sel

Nettoyer les aubergines, les éplucher avec un couteau à pomme de terre. Les couper ensuite en quatre dans le sens de la longueur.
Les saler et les faire cuire à la vapeur pendant 35 mn (couvrir pendant la cuisson).
Après la cuisson, égrener les aubergines, les disposer dans une assiette.
Mélanger ensuite l'huile d'olive, le vinaigre, l'ail finement haché et verser sur les aubergines.
Servir en parsemant de persil finement haché.

salades

99. Salade de courgettes

500 g de courgettes
6 aulx
1 citron
1 bouquet de persil
4 cuillerées à soupe d'huile d'olive

Nettoyer les courgettes et les faire cuire dans de l'eau salée pendant 30 à 35 mn.
Après cuisson, les couper en petits cubes et laisser égoutter dans une passoire.
Préparer ensuite une vinaigrette en mélangeant l'huile d'olive, le jus du citron et l'ail haché fin.
Disposer les courgettes coupées dans une assiette.
Arroser de vinaigrette et parsemer de persil finement haché.

salades

100. Salade de concombres à la menthe

4 concombres
1 bouquet de menthe
3 cuillerées à soupe d'huile d'olive
1 cuillerée à soupe de vinaigre
1 pincée de sel de cuisine

Rincer les concombres. Les peler avec un couteau à pomme de terre, puis les épépiner. Les couper ensuite en petits quartiers.
Disposer les concombres coupés dans un plat.
Saupoudrer de sel, ajouter l'huile d'olive et le vinaigre.
Parsemer de menthe finement hachée.
Mélanger et servir.

salades

101. Salade de concombres, tomates et oignon

3 concombres
2 tomates
1 oignon
3 cuillerées à soupe d'huile d'olive
1 cuillerée à soupe de vinaigre
1/2 cuillerée de sel

Rincer les concombres. Les éplucher, les épépiner, puis les couper en petits quartiers.
Peler les tomates, les égrener et les couper en petits quartiers également.
Hacher grossièrement l'oignon.
Disposer les légumes coupés dans un plat.
Saler, ajouter l'huile d'olive et le vinaigre.
Mélanger et servir.

102. Salade de poivrons et de tomates à l'huile d'olive

6 poivrons verts doux
2 tomates
4 cuillerées à soupe d'huile d'olive
1 cuillerée à soupe d'huile de table
sel

Laver les poivrons, les essuyer et les faire griller à feu doux.
Peler ensuite les poivrons à l'aide d'un couteau en évitant d'utiliser de l'eau, ce qui changerait le goût de la salade. Couper les pédoncules, égrener les poivrons et les couper en petits carrés.
Peler les tomates, les épépiner, les couper en petits quartiers.
Saler, puis les faire revenir pendant 10 à 15 mn dans une poêle à feu doux avec 1 cuillerée d'huile de table.
Ajouter ensuite les poivrons coupés et laisser revenir ces légumes 10 à 15 mn.
Retirer du feu. Verser cette préparation dans un plat creux.
Arroser d'huile d'olive.
Ce plat peut être consommé chaud ou froid.

salades

103. Salade de haricots verts aux courgettes et à l'oignon

500 g de haricots verts
4 courgettes
1 oignon
4 aulx
1 citron
1 petit bouquet de persil
4 cuillerées à soupe d'huile d'olive
sel

Nettoyer les haricots verts en coupant les extrémités. Retirer les filaments, puis les couper en deux ou trois morceaux et les faire cuire dans de l'eau salée pendant 45 mn, ou à la vapeur et à couvert pendant 1 h 15.
Nettoyer les courgettes en grattant légèrement la surface du légume avec un couteau, puis les faire cuire dans de l'eau salée pendant 30 mn.
Après la cuisson, égoutter les haricots verts et les courgettes.
Disposer les haricots dans une assiette.
Couper par-dessus les courgettes en rondelles.
Ajouter l'oignon et l'ail finement hachés.
Saler, verser l'huile d'olive et le jus du citron. Mélanger.
Parsemer de persil haché fin et servir.

salades

104. Salade de pommes de terre aux oignons verts

500 g de pommes de terre
2 oignons verts
1 petit bouquet de persil
4 cuillerées à soupe d'huile d'olive
1 cuillerée à soupe de vinaigre
1 pincée de poivre noir
sel

Rincer les pommes de terre. Les peler, les couper en quartiers.
Les saler et les faire cuire à la vapeur et à couvert pendant 30 mn.
Après la cuisson, disposer les pommes de terre dans un plat creux.
Nettoyer les oignons.
Les hacher grossièrement sur les pommes de terre.
Saler, poivrer, arroser d'huile d'olive et de vinaigre, mélanger.
Parsemer de persil finement haché.

salades

105. Salade de tomates, poivrons doux et oignons verts

3 tomates
5 poivrons doux
2 oignons verts
3 cuillerées à soupe d'huile d'olive
1 cuillerée à soupe de vinaigre
1 pincée de sel

Faire griller les poivrons doux et les tomates.
Les peler, les égrener et les couper en petits carrés. Éviter d'utiliser de l'eau en pelant les poivrons.
Parsemer ensuite ces légumes avec les oignons finement hachés.
Saler, verser l'huile d'olive et le vinaigre. Mélanger et servir.

salades

106. Salade de topinambours

500 g de topinambours
5 aulx
1 citron
1 petit bouquet de persil
4 cuillerées à soupe d'huile d'olive
sel

Nettoyer les topinambours en les rinçant.
Les faire bouillir environ 20 à 25 mn à feu doux dans de l'eau salée.
Les peler puis les couper en fines tranches de 1 cm d'épaisseur.
Disposer les tranches dans une assiette.
Verser l'huile d'olive et le jus du citron.
Parsemer avec l'ail et le persil finement hachés. Mélanger et servir.

salades

107. Salade de chou-fleur

1 **chou-fleur**
6 **aulx**
2 **citrons**
1 **bouquet de persil**
4 **cuillerées à soupe d'huile d'olive**
poivre noir
sel

Nettoyer le chou-fleur. Séparer les bouquets, les rincer.
Les cuire dans de l'eau salée avec 2 tranches de citron pendant 40 mn.
Laisser égoutter après cuisson.
Préparer une vinaigrette avec l'huile d'olive, le jus d'1 citron, le sel, le poivre noir et l'ail finement haché.
Disposer les bouquets de chou-fleur dans une assiette.
Arroser de vinaigrette et parsemer de persil finement haché.

salades

108. Salade de criste marine
" Chlata el bahr "

700 g de criste marine
8 aulx
1 petit bouquet de persil
3 cuillerées à soupe d'huile d'olive
1 cuillerée à soupe de vinaigre
sel

Nettoyer la plante, l'effeuiller, la rincer.
La faire cuire dans de l'eau légèrement salée pendant 45 mn, puis la laisser égoutter.
Préparer une vinaigrette avec l'ail haché, l'huile d'olive et le vinaigre.
Verser la vinaigrette sur les feuilles de criste marine. Mélanger.
Parsemer de persil finement haché et servir.

salades

109. Gratin d'aubergines

1 kg d'aubergines
5 tomates
8 aulx
100 g de fromage râpé
6 feuilles de laurier
quelques brins de thym
2 ou 3 noix de beurre
sel

Nettoyer les aubergines en les épluchant avec un couteau à pomme de terre.
Les couper en rondelles épaisses. Les saler et les faire frire dans l'huile chaude.
Peler les tomates. Les mixer.
Ajouter l'ail finement haché, le thym, le laurier, une pincée de sel et faire revenir à feu doux pendant 10 mn.
Disposer ensuite les tranches d'aubergines frites dans un plat.
Verser dessus la sauce tomate. Couvrir de fromage râpé. Ajouter les noix de beurre et faire gratiner au four pendant 35 mn.

gratins

110. Gratin de blettes

600 g de blettes
2 œufs
100 g de gruyère râpé
1 petit verre de lait
3 ou 4 noix de beurre
1 pincée de poivre noir

Rincer les blettes. Les couper en petits carrés et les faire blanchir dans de l'eau bouillante salée pendant 10 mn.
Les laisser égoutter dans une passoire, puis les presser dans la main pour en retirer l'eau.
Les passer à la moulinette, puis disposer cette préparation dans un plat légèrement beurré.
Verser ensuite le lait et les œufs battus.
Saupoudrer de poivre et parsemer de gruyère râpé. Ajouter les noix de beurre. Laisser gratiner au four pendant 20 à 30 mn.

111. Gratin de chou

1 chou
200 g de gruyère râpé
3 œufs
1 verre de lait
3 noix de beurre
poivre noir
sel

Nettoyer les feuilles de chou. Couper la nervure principale.
Les rincer et les blanchir dans de l'eau bouillante salée pendant 10 mn.
Retirer les feuilles de chou.
Les égoutter, puis les couper en petits rectangles.
Beurrer un plat, disposer à l'intérieur les feuilles de chou.
Verser par-dessus le lait et les œufs battus.
Saupoudrer d'une pincée de sel et de poivre noir et parsemer de gruyère râpé. Ajouter des noix de beurre. Laisser gratiner au four 20 à 30 mn.

gratins

112. Gratin de légumes

500 g de pommes de terre
2 oignons
2 carottes
2 œufs
6 aulx
100 g de fromage blanc
3 verres de lait
1 noix de beurre
poivre noir
sel

Rincer, éplucher et couper les légumes en rondelles.
Piler l'ail avec sel et poivre
Verser cette préparation dans le lait. Ajouter les œufs battus et mélanger.
Beurrer un plat.
Disposer une couche des différents légumes et verser par-dessus le lait mélangé aux épices et aux œufs. Ajouter la noix de beurre et recommencer jusqu'à épuisement des légumes et du lait.
Couvrir avec des portions de fromage blanc.
Laisser gratiner au four jusqu'à la formation d'une croûte dorée (environ 1 h à 1 h 15).

113. Gratin de pâtes aux olives vertes

300 g de macaronis
100 g d'olives vertes dénoyautées
200 g de gruyère râpé
1 noix de beurre
poivre noir
sel

Faire cuire les macaronis dans de l'eau salée pendant 20 mn à feu moyen.
Après la cuisson, les rincer à l'eau froide et laisser égoutter.
Rincer les olives vertes et les faire blanchir dans de l'eau bouillante pendant 10 mn.
Beurrer un plat.
Y verser les macaronis, saupoudrer de poivre noir et couper par-dessus les olives en petits morceaux. Parsemer de gruyère râpé.
Laisser gratiner au four pendant 20 mn.

gratins

114. Carrés de pâte farcis aux oignons et au carvi " M'hadjeb "

Ingrédients pour la pâte :
1 kg de semoule fine (semouline)
1/2 bol de farine
1/2 bol d'huile
1 cuillerée à soupe de sel

Ingrédients pour la farce :
1 kg d'oignons secs
8 aulx
1 piment sec rouge
2 cuillerées à café de carvi
2 cuillerées à soupe de concentré de tomates
4 cuillerées à soupe d'huile
1 cuillerée à café de sel

Préparation de la sauce :
Verser l'huile dans un fait-tout.
Ajouter les oignons hachés grossièrement et faire revenir à feu très doux quelques minutes.
Rincer, égrener et piler le piment avec le sel et le carvi.
Ajouter l'ail et piler de nouveau jusqu'à l'obtention d'une pâte (dersa). Délayer dans un peu d'eau.
Verser cette préparation dans le fait-tout.
Ajouter le concentré de tomates sans le diluer dans l'eau et faire revenir pendant 40 à 50 mn à feu doux.

Préparation de la pâte :
Préparer les carrés de pâte en versant la semouline dans une grande terrine. Ajouter la farine et le sel.
Verser progressivement 75 cl d'eau.
Ramasser la pâte. Former une boule et laisser poser 10 mn.
Reprendre la pâte et pétrir pendant 15 mn en ajoutant au fur et à mesure 1/2 verre d'eau. La pâte doit devenir souple mais non collante.
Huiler les mains et former des boules en pressant la pâte entre le pouce et l'index réunis en anneaux.

Disposer les boules sur une table ou un espace huilé.

Enduire d'huile et chauffer une plaque en fonte.

Prendre une boule et, du bout des doigts huilés, l'étendre en long et en large jusqu'à l'obtention d'une fine feuille.

Rabattre deux côtés de la feuille de façon à former un carré.

Disposer la sauce au centre et rabattre par-dessus successivement les deux autres côtés. Soulever délicatement et faire cuire sur les deux faces.

pâtes, riz, farine

115. Carrés de pâte aux amandes " R'fiss "

Ingrédients pour la pâte :
1 kg de semouline
1/2 bol de farine
1/2 bol d'huile
1 cuillerée à soupe de sel
1 verre de lait

Ingrédients pour la sauce :
1, 5 l d'eau
1 bol de dattes dénoyautées
1 bol de noix concassées et décortiquées
1/2 bol d'amandes hachées
5 bâtonnets de cannelle
10 cuillerées à soupe de sucre

Préparation de la pâte :
procéder de la même façon que dans la recette n°114.

Lorsque les boulettes sont formées, enduire les doigts d'huile et étaler la boule délicatement jusqu'à l'obtention d'une feuille très fine.
Soulever la feuille en la tirant par les extrémités. La poser sur une tôle en fonte préchauffée, l'asperger d'huile et laisser cuire.
Dès que la cuisson des feuilles de pâte est achevée, couper les feuilles en morceaux avec les doigts.
Placer les morceaux dans un couscoussier et faire cuire à la vapeur et à couvert pendant 20 mn, après échappement de la vapeur.
Préparer en même temps la sauce en faisant bouillir les bâtonnets de cannelle dans 1, 5 l d'eau.
Ajouter alors le sucre et laisser épaissir légèrement.
Verser ensuite les amandes hachées grossièrement, les dattes dénoyautées et coupées en quatre, et les noix.
Retirer les carrés de pâte du couscoussier, les enduire de beurre et les verser dans la sauce.
Servir chaud accompagné d'1 verre de lait.

116. Carrés de pâte farcis aux carottes et aux " 12 épices "

Ingrédients pour la pâte :
1 kg de semoule fine (semouline)
1/2 bol de farine
1/2 bol d'huile
1 cuillerée à soupe de sel

Ingrédients pour la farce :
500 g de carottes
2 oignons secs
8 aulx
1 piment sec rouge
1 cuillerée à soupe de concentré de tomates
1 cuillerée à café de 12 épices (ras el hanout)
1 cuillerée à café de sucre en poudre
4 cuillerées à soupe d'huile
sel

Préparation de la pâte :
Procéder comme dans la recette n° 114

Préparation de la farce :
Rincer les carottes. Gratter la surface. Les couper en grosses rondelles. Saupoudrer d'une pincée de sel et les faire cuire à la vapeur et à couvert de 30 à 40 mn.
Après la cuisson, passer les carottes à la moulinette, puis les presser dans la main pour en retirer totalement l'eau. Laisser encore égoutter dans une passoire.
Rincer, égrener et piler le piment sec rouge avec les 12 épices.
Ajouter l'ail et piler de nouveau jusqu'à l'obtention d'une pâte (dersa). Délayer cette pâte dans un peu d'eau.
Verser l'huile dans un fait-tout et faire revenir 5 mn à feu doux les oignons finement hachés avec le sucre et le concentré de tomates dilué dans un peu d'eau (la mesure du pilon). Ajouter la dersa. Laisser refroidir la sauce.
Laisser encore revenir 5 mn, puis ajouter les carottes et laisser braiser 15 à 20 mn.
Farcir les carrés de pâte avec cette sauce. Faire cuire en procédant de la même façon que pour la recette n°114.

117. Galette émiettée aux piments " Z'fiti "

Ingrédients pour la galette :
500 g de semoule fine
1 tasse à café d'huile d'olive
1/2 cuillerée à soupe de sel fin

Ingrédients pour les légumes :
6 piments verts
2 tomates bien mûres
1 poignée de graines de coriandre
3 cuillerées à soupe d'huile d'olive
sel

Préparation de la galette :
Diluer le sel, l'huile d'olive et 1 verre d'eau dans une grande terrine, puis incorporer progressivement la semoule en ajoutant au fur et à mesure de l'eau jusqu'à l'obtention d'une pâte légèrement ferme. Pétrir la pâte énergiquement pendant 15 mn.
Rouler la pâte en une boule puis, à l'aide d'un rouleau à pâtisserie, former une abaisse de 1 cm d'épaisseur.
Faire cuire ensuite à feu doux sur une plaque en tôle préalablement huilée et chauffée. La cuisson doit s'effectuer sur les deux faces et le contour de la galette.

Griller les piments verts. Les peler en évitant d'utiliser de l'eau. Couper les pédoncules et les égrener.
Griller également les tomates, les peler et les égrener.
Passer les piments, les tomates et les graines de coriandre à la moulinette.
Verser ensuite cette préparation dans un plat. Saler, émietter par-dessus la galette, verser l'huile d'olive. Mélanger.
Servir chaud ou froid.

118. Galette émiettée aux " 12 épices " et à la coriandre

Ingrédients pour la galette :
500 g de semoule fine
1 tasse à café d'huile d'olive
1/2 cuillerée à soupe de sel fin

Ingrédients pour la farce :
4 oignons secs
3 tomates
1 piment sec rouge
8 aulx
1 cuillerée à soupe de concentré de tomate
1 cuillerée à café de 12 épices (ras el hanout)
1 bouquet de coriandre
4 cuillerées à soupe d'huile
1/2 cuillerée à café de sel

Préparation de la galette :
Procéder selon les indications données dans la recette n°117, à la seule différence que l'épaisseur de la galette doit être de 3 ou 4 mm.

Verser l'huile dans le fait-tout.
Ajouter les oignons coupés grossièrement, les tomates et les tiges de coriandre hachées. Faire revenir à feu doux.
Rincer, égrener et piler le piment sec rouge avec le sel et les "12 épices".
Ajouter l'ail et piler de nouveau jusqu'à l'obtention d'une pâte (dersa).
Délayer dans un peu d'eau et verser cette préparation dans le fait-tout.
Ajouter le concentré de tomate dilué dans un peu d'eau et laisser braiser à feu doux 30 mn.
10 mn avant la fin de la cuisson, ajouter les feuilles de coriandre finement hachées.
Après la cuisson, émietter la galette, saucer et servir.

119. Galette farcie aux poivrons et aux tomates " M'khtouma "

Ingrédients pour la galette :
500 g de semoule fine
1 tasse à café d'huile d'olive
1/2 cuillerée à soupe de sel fin

Ingrédients pour la farce :
6 poivrons doux verts ou rouges
3 piments verts
2 tomates
3 œufs
6 aulx
3 cuillerées à soupe d'huile
poivre rouge
1 petite cuillerée à café de sel

Préparation de la galette :
Préparer 2 galettes de 3 mm d'épaisseur.
La cuisson s'effectuera après que la galette est farcie.

Rincer les poivrons et les piments. Couper les pédoncules, les égrener, les couper en petits carrés et faire revenir à feu doux dans l'huile, le poivre rouge, le sel et l'ail finement haché.
Dès que les poivrons sont ramollis, ajouter les tomates nettoyées, égrenées et coupées en petits quartiers. Laisser revenir 20 à 30 mn. Ajouter un peu d'eau si c'est nécessaire.
Après la cuisson, battre les œufs et les verser au-dessus de la préparation. Laisser mijoter 2 ou 3 mn et éteindre.
Disposer ensuite la première abaisse de galette sur une table.
Verser et étaler la farce sur la surface de la galette. Couvrir avec la seconde abaisse de galette. Bien refermer le contour des deux abaisses en pressant la pâte entre l'index et le pouce. Faire cuire la galette sur les deux faces sur une plaque en tôle huilée et préchauffée.
Servir chaud.

120. Pâtes aux petits pois et à l'huile d'olive

2 bols de macaronis ou 1 bol de riz
1 bol de petits pois écossés
3 à 4 cuillerées à soupe d'huile d'olive
sel

Faire cuire les macaronis ou le riz dans de l'eau salée pendant 20 mn.
Faire cuire aussi les petits pois dans de l'eau salée pendant 20 à 25 mn.
Verser les macaronis ou le riz cuit dans une passoire, arroser d'eau froide, laisser égoutter.
Verser ensuite les macaronis ou le riz dans une terrine.
Ajouter les petits pois et l'huile d'olive. Mélanger. puis servir.

pâtes, riz, farine

121. Pâtes aux raisins secs

2 bols de macaronis ou 1 bol de riz
1/2 bol de raisins secs
3 cuillerées à soupe d'huile d'olive
sel

Faire cuire les macaronis ou le riz dans de l'eau chaude salée pendant 20 mn.

Faire cuire également les raisins secs dans une casserole d'eau pendant 15 mn.

Dès que le riz ou les macaronis sont cuits, les verser dans une passoire. Rincer à l'eau froide et les laisser égoutter.

Verser le riz ou les macaronis dans un plat. Arroser avec de l'huile d'olive.

Ajouter les raisins secs égouttés. Mélanger et servir.

pâtes, riz, farine

122. Riz aux légumes

1 bol de riz
2 tomates
5 cœurs d'artichauts
4 aulx
1 bol de petits pois écossés
2 carottes
1/2 cuillerée à café de cannelle
1 navet
1 gros oignon sec
poivre rouge et noir
1 pomme de terre
thym
huile
sel

Éplucher, rincer la pomme de terre, les carottes, le navet et les couper en petits cubes.
Verser de l'huile et le poivre rouge dans un fait-tout.
Ajouter les tomates pelées, égrenées et hachées, quelques feuilles de thym, l'ail et l'oignon râpés.
Verser la pomme de terre, les carottes, le navet coupés en cubes.
Ajouter les petits pois et les cœurs d'artichauts coupés en deux.
Saupoudrer de sel, de poivre noir et de cannelle. Laisser revenir à feu doux 20 mn.
Ajouter 1,5 l d'eau chaude. À ébullition, vérifier l'assaisonnement en sel.
Verser le riz cru. Laisser mijoter 20 mn jusqu'à la réduction de la sauce.

pâtes, riz, farine

123. Crêpes de semoule " Baghrir "

500 g de semoule fine
1 œuf
1 noix de beurre
1 cuillerée à soupe de levure de bière
1/2 cuillerée à café de sucre en poudre
1 cuillerée à café de sel

Ingrédients pour consommer les crêpes :
Crêpes *salées* **: épinards à l'ail ou épinards aux**
tomates et aux œufs ou piments à la tomate ou
poivrons doux et tomates à l'huile d'olive.
Crêpes *sucrées* **: miel ou sucre.**

Verser la semoule et le sel dans une grande terrine. Ajouter progressivement 1 l d'eau et mélanger sans interruption avec la main ou à
l'aide d'une cuillère en bois. Former des cercles en mélangeant
jusqu'à l'obtention d'un liquide épais. Laisser ensuite poser cette
préparation environ 3 h.
Verser la levure, le sucre et 3 cuillerées à soupe d'eau tiède dans un
bol et laisser lever 5 à 10 mn.
Dès que la levure a levé et formé une petite mousse, la verser dans
la terrine. Mélanger rapidement et laisser encore lever 30 à 40 mn.
Dès l'apparition de petites bulles mousseuses, ajouter l'œuf dans la
terrine. Mélanger rapidement et commencer la cuisson des crêpes.
Remplir une louche aux 3/4 et verser le liquide épais dans un plat en
fonte, préalablement enduit d'huile, et chauffé et huilé régulièrement
au cours de la cuisson des crêpes (il est possible d'utiliser une poêle
à crêpes, dans ce cas il est inutile de l'enduire d'huile).
Laisser cuire les crêpes sur un seul côté. Lorsque la surface des
crêpes est recouverte de petits trous et le dessous doré, la cuisson est
à point.
Retirer les crêpes, les enduire d'une petite noix de beurre et les poser
dans une assiette.
Consommer les crêpes chaudes ou froides, sucrées ou salées, roulées
en cigares.

124. Beignets de pommes de terre au cumin " Haniounates "

500 g de pommes de terre
8 aulx
1 piment sec rouge
1 œuf
2 cuillerées à soupe de cumin
3 cuillerées à soupe de farine
vinaigre
1/2 cuillerée à café de sel

Nettoyer les pommes de terre. Les couper en quartiers et les faire cuire dans de l'eau salée pendant 30 mn à feu moyen.

Après la cuisson, réduire les pommes de terre en purée.

Piler le piment sec rouge avec le sel et le cumin.

Ajouter l'ail et piler de nouveau jusqu'à l'obtention d'une pâte (dersa).

Verser ensuite cette pâte dans la purée de pommes de terre et mélanger.

Battre l'œuf et ajouter progressivement 1 cuillerée de farine en remuant énergiquement pour éviter la formation de grumeaux.

Verser cette préparation dans la purée et mélanger.

Former des boulettes, les rouler dans la farine et les faire frire dans de l'huile très chaude.

Aplatir soigneusement les beignets à l'aide d'une fourchette au début de la cuisson.

Servir les beignets en les arrosant de quelques gouttes de vinaigre.

pâtes, riz, farine

135

125. Beignets de pommes de terre aux oignons verts et au persil " Adjioudjates-Haniounates "

500 g de pommes de terre
2 oignons verts
2 œufs
3 noix de fromage blanc
1 citron
1 bouquet de persil
1 paquet de levure chimique
farine
poivre
sel

Rincer les pommes de terre et les faire cuire dans de l'eau salée pendant 30 à 40 mn à feu moyen.

Après la cuisson, peler les pommes de terre et les réduire en purée à l'aide d'une fourchette.

Ajouter les oignons et le persil finement hachés, le fromage blanc, les œufs battus. Mélanger. Saupoudrer de sel et de poivre. Ajouter la levure chimique et laisser poser 15 mn.

Former des boulettes, les rouler dans la farine et les faire frire dans de l'huile très chaude. Les aplatir légèrement à l'aide d'une fourchette au début de la cuisson.

La friture doit se faire sur les deux faces du beignet.

Au moment de servir, presser quelques gouttes de citron sur chaque beignet.

Consommer chaud ou froid.

pâtes, riz, farine

126. Beignets de chou-fleur

1 chou-fleur
2 œufs
1 citron
1 bouquet de persil
4 cuillerées à soupe de farine
huile de cuisine
poivre noir
sel

Nettoyer le chou-fleur selon les indications données dans la recette n°107.

Précuire les bouquets du chou 40 mn dans de l'eau salée avec 2 tranches de citron. Laisser égoutter.
Battre les œufs en ajoutant progressivement la farine, sans cesser de mélanger.
Ajouter une pincée de sel et de poivre ainsi que le persil finement haché. Mélanger.
Tremper chaque bouquet de chou-fleur à l'intérieur de cette sauce.
Faire frire les bouquets dans de l'huile très chaude.
Consommer chaud ou froid.

pâtes, riz, farine

127. Beignets de chou-fleur aux pommes de terre et à l'oignon

1 chou-fleur
4 pommes de terre
1 oignon
2 œufs
1 citron
1 petit bouquet de persil
4 cuillerées à soupe de farine
huile
poivre
sel

Nettoyer le chou-fleur selon les indications données dans la recette n°107

Procéder à une pré-cuisson pendant 40 mn dans de l'eau salée avec 2 tranches de citron.
Retirer ensuite les bouquets de chou-fleur et laisser égoutter.
Parallèlement à la pré-cuisson des bouquets de chou-fleur, nettoyer, éplucher et couper les pommes de terre en petits quartiers, puis les faire cuire dans de l'eau salée pendant 30 mn à feu moyen.
Écraser ensuite à l'aide d'une fourchette les bouquets de chou-fleur, les quartiers de pommes de terre et mélanger avec du sel, du poivre, l'oignon et le persil finement hachés.
Battre ensuite les œufs entiers en incorporant progressivement la farine, sans cesser de battre.
À l'aide d'1 cuillère à soupe, former un beignet de légumes écrasés (ou une boulette).
Le tremper dans les œufs battus et faire frire dans une huile bien chaude.
Consommer chaud ou froid.

128. Omelette au blé tendre

150 g de blé tendre
4 œufs
2 cuillerées à café de concentré de tomates
1 cuillerée à café de sucre en poudre
1 sachet de levure chimique
1 cuillerée à café d'eau de fleur d'oranger
huile
poivre
sel

Trier et rincer le blé tendre et le laisser tremper dans de l'eau la veille de la préparation de ce plat (16 h de trempage minimum).
Le lendemain, faire cuire le blé tendre dans de l'eau salée pendant 2 h et laisser égoutter.
Battre les œufs dans une terrine. Saler, poivrer.
Ajouter le concentré de tomates, le sucre, l'eau de fleur d'oranger, le blé tendre cuit et la levure chimique. Mélanger rapidement. Laisser lever pendant 20 mn.
Verser cette préparation dans une poêle légèrement huilée et préchauffée ou dans une poêle qui n'attache pas.
Étaler délicatement et laisser cuire à feu doux et à couvert pendant 7 à 8 mn.
À l'aide d'une assiette, retourner l'omelette sur l'autre face et laisser cuire encore 7 à 8 mn à couvert.
Couper l'omelette en tranches.
Servir chaud ou froid.

129. Omelette aux courgettes

4 courgettes
2 pommes de terre
1 tomate mûre
5 œufs
150 g de gruyère râpé
1 cuillerée à soupe d'huile
poivre noir
sel

Éplucher les pommes de terre.

Nettoyer les courgettes en grattant soigneusement la surface du légume, les rincer, les couper en petits cubes. Saler.

Faire frire les légumes séparément dans de l'huile très chaude.

Après la cuisson, disposer les légumes dans une assiette couverte d'une serviette en papier.

Peler, hacher grossièrement la tomate et la faire revenir quelques minutes dans 1 cuillerée à soupe d'huile et une pincée de sel et de poivre noir.

Battre les œufs dans une terrine. Verser les légumes frits (courgettes, pommes de terre, tomates). Ajouter le gruyère râpé. Mélanger.

Verser cette préparation dans une poêle qui n'attache pas ou une poêle légèrement huilée et préchauffée, et laisser cuire pendant 5 mn à feu doux sur les deux faces.

130. Omelette aux pommes de terre et aux oignons verts

5 pommes de terre
2 oignons verts
5 œufs
1 citron
1 bouquet de persil
huile
poivre noir
sel

Peler les pommes de terre, les rincer. Les couper en petits cubes. Saler et faire frire dans de l'huile très chaude.

Disposer ensuite les pommes de terre frites dans un plat couvert d'une serviette en papier.

Nettoyer les oignons. Les hacher finement. Saler, poivrer et faire revenir avec 1 cuillerée à soupe d'huile à feu très doux.

Battre les œufs dans une terrine.

Ajouter une pincée de sel et de poivre noir, le persil finement haché et les pommes de terre frites, puis mélanger.

Dès que les oignons sont ramollis, les verser dans la terrine. Mélanger délicatement et verser cette préparation dans une poêle qui n'attache pas ou une poêle légèrement huilée et préchauffée. Laisser cuire à feu très doux et à couvert pendant 5 mn.

Retourner l'omelette à l'aide d'une assiette et laisser cuire sur l'autre face encore 5 mn.

Poser l'omelette dans un plat et arroser du jus du citron.

Couper en tranches et servir.

Table des matières

Les légumes

Les salades

Les gratins

Les plats à base de pâtes, de riz, de farine...

Les omelettes

Achevé d'imprimer sur les presses
de l'Imprimerie France Quercy
113, rue André Breton, 46001 Cahors
d'après montages et et gravure numériques
(Computer To Plate)
Dépôt légal : juillet 2001
Numéro d'impression : 11600